MANUEL
D'ÉPICTÈTE

NOUVELLE TRADUCTION FRANÇAISE

PRÉCÉDÉE D'UNE INTRODUCTION ET D'UNE ANALYSE
ET ACCOMPAGNÉE D'APPRÉCIATIONS PHILOSOPHIQUES

Par Henri JOLY

PROFESSEUR DE PHILOSOPHIE
A LA FACULTÉ DES LETTRES DE DIJON.

PARIS

IMPRIMERIE ET LIBRAIRIE CLASSIQUES

Maison Jules DELALAIN et Fils

DELALAIN FRÈRES, Successeurs

56, RUE DES ÉCOLES.

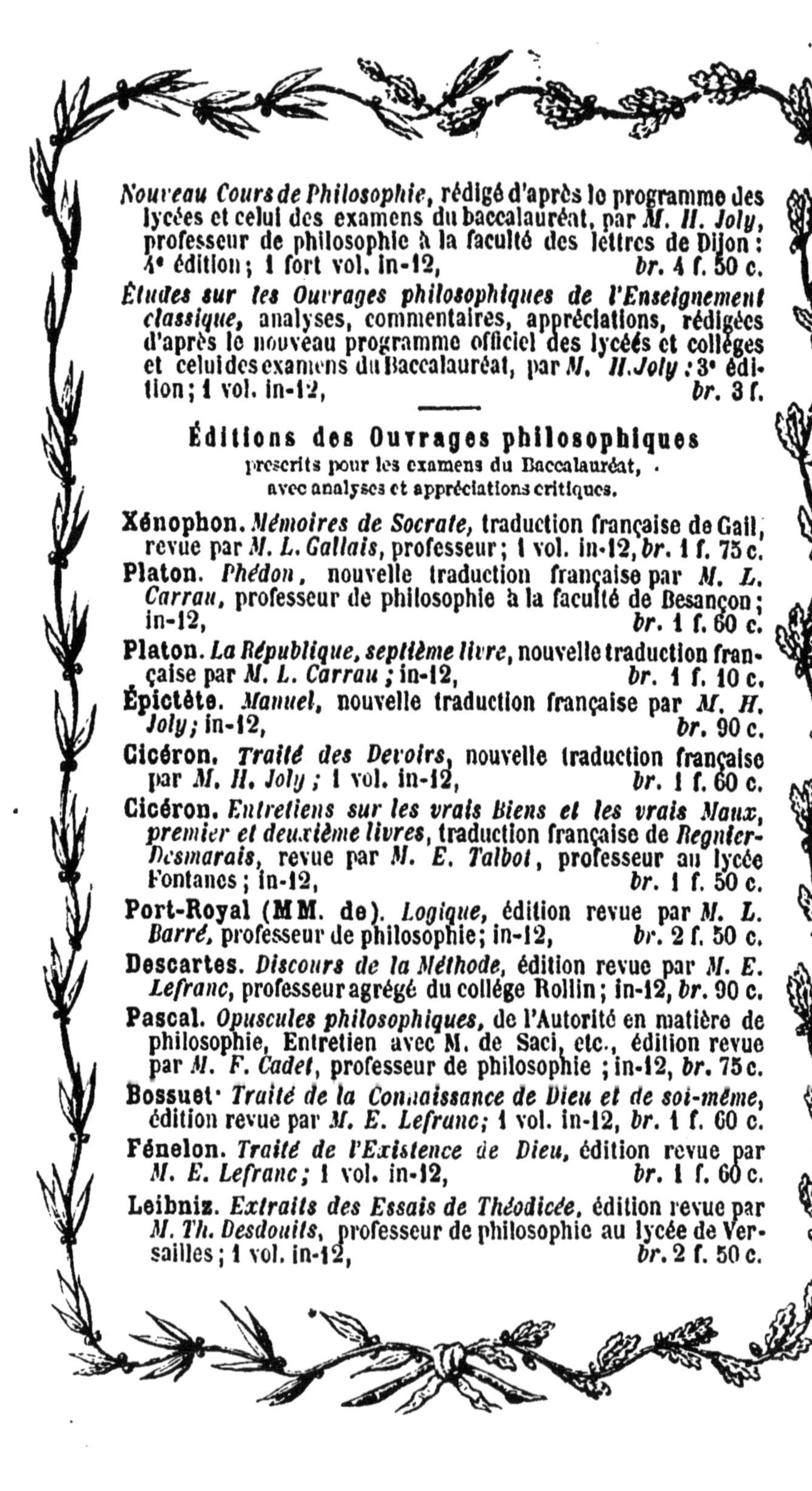

Nouveau Cours de Philosophie, rédigé d'après le programme des lycées et celui des examens du baccalauréat, par *M. H. Joly*, professeur de philosophie à la faculté des lettres de Dijon : 4e édition ; 1 fort vol. in-12, br. 4 f. 50 c.

Études sur les Ouvrages philosophiques de l'Enseignement classique, analyses, commentaires, appréciations, rédigées d'après le nouveau programme officiel des lycées et collèges et celui des examens du Baccalauréat, par *M. H. Joly* : 3e édition ; 1 vol. in-12, br. 3 f.

Éditions des Ouvrages philosophiques
prescrits pour les examens du Baccalauréat, avec analyses et appréciations critiques.

Xénophon. *Mémoires de Socrate*, traduction française de Gail, revue par *M. L. Gallais*, professeur ; 1 vol. in-12, br. 1 f. 75 c.

Platon. *Phédon*, nouvelle traduction française par *M. L. Carrau*, professeur de philosophie à la faculté de Besançon ; in-12, br. 1 f. 60 c.

Platon. *La République, septième livre*, nouvelle traduction française par *M. L. Carrau* ; in-12, br. 1 f. 10 c.

Épictète. *Manuel*, nouvelle traduction française par *M. H. Joly* ; in-12, br. 90 c.

Cicéron. *Traité des Devoirs*, nouvelle traduction française par *M. H. Joly* ; 1 vol. in-12, br. 1 f. 60 c.

Cicéron. *Entretiens sur les vrais Biens et les vrais Maux, premier et deuxième livres*, traduction française de *Regnier-Desmarais*, revue par *M. E. Talbot*, professeur au lycée Fontanes ; in-12, br. 1 f. 50 c.

Port-Royal (MM. de). *Logique*, édition revue par *M. L. Barré*, professeur de philosophie ; in-12, br. 2 f. 50 c.

Descartes. *Discours de la Méthode*, édition revue par *M. E. Lefranc*, professeur agrégé du collège Rollin ; in-12, br. 90 c.

Pascal. *Opuscules philosophiques*, de l'Autorité en matière de philosophie, Entretien avec M. de Saci, etc., édition revue par *M. F. Cadet*, professeur de philosophie ; in-12, br. 75 c.

Bossuet. *Traité de la Connaissance de Dieu et de soi-même*, édition revue par *M. E. Lefranc* ; 1 vol. in-12, br. 1 f. 60 c.

Fénelon. *Traité de l'Existence de Dieu*, édition revue par *M. E. Lefranc* ; 1 vol. in-12, br. 1 f. 60 c.

Leibniz. *Extraits des Essais de Théodicée*, édition revue par *M. Th. Desdouits*, professeur de philosophie au lycée de Versailles ; 1 vol. in-12, br. 2 f. 50 c.

MANUEL D'ÉPICTÈTE.

TRADUCTION FRANÇAISE.

MANUEL

D'ÉPICTÈTE

NOUVELLE TRADUCTION FRANÇAISE

PRÉCÉDÉE D'UNE INTRODUCTION ET D'UNE ANALYSE
ET ACCOMPAGNÉE D'APPRÉCIATIONS PHILOSOPHIQUES

Par Henri JOLY

PROFESSEUR DE PHILOSOPHIE
A LA FACULTÉ DES LETTRES DE DIJON.

PARIS

IMPRIMERIE ET LIBRAIRIE CLASSIQUES

MAISON JULES DELALAIN ET FILS

DELALAIN FRÈRES, Successeurs

56, RUE DES ÉCOLES.

INTRODUCTION.

I. *Notice biographique sur Épictète.*

La vie du philosophe stoïcien Épictète nous est peu connue. Nous ignorons même son vrai nom; car le mot Épictète est un adjectif qui veut dire esclave, serviteur. Nous savons seulement qu'il fut esclave d'Épaphrodite, lequel était un affranchi de Néron et l'un de ses gardes particuliers. Qui ne connaît cette lutte fameuse qui s'engagea un jour entre la tyrannie féroce du maître et la patience obstinée de l'esclave? « Vous me casserez ma jambe, » disait l'esclave torturé, et le supplice continuait. La jambe enfin cassa. « Je vous l'avais bien dit, » fut la seule plainte, la seule protestation du philosophe [1]. Est-ce seulement à la suite de cet accident célèbre qu'il devint boiteux? Une épigramme grecque, rapportée par Aulu-Gelle et par Macrobe, nous incline à le croire, sans nous en donner la certitude. Il nous est également impossible d'établir comment et à quel moment il devint libre. On sait que vers l'an 90, Domitien ayant rendu un édit qui chassait les philosophes, il se retira à Nicopolis en Épire. Y mourut-il? On en doute; car Spartien nous le donne ensuite comme un familier d'Adrien. Dans tous les cas, cette amitié d'un empereur ne l'empêcha point de vivre très-pauvrement. Un jour (ce fut la seule dépense qu'il se reprocha), il avait acheté une lampe de fer. A peine l'avait-il, qu'un voleur le débarrassa de ce luxe

1. Nous trouvons dans Épictète lui-même plusieurs dialogues de même nature, et toujours entre esclave et maître : « Je te couperai la tête. — Quand t'ai-je dit que je n'étais pas mortel? » C'est en faisant allusion à quelqu'une de ces fières réponses que Celse, opposant aux chrétiens l'exemple du philosophe, disait : « Votre Christ a-t-il rien fait de plus grand? — Oui, il s'est tu, » répondait Origène.

inutile, et le rappela à l'observation de ses propres maximes. La lampe de terre qui ensuite éclaira ses veilles eut une certaine célébrité; car, à sa mort, un opulent ami de la philosophie la paya trois mille drachmes.

Disciple de Musonius Rufus, dont Tacite parle avec tant d'éloges, et sans doute aussi d'Euphrate, dont il vante lui-même l'éloquence, Épictète avait à son tour enseigné la philosophie dans Rome; il avait formé des disciples[1]. Il n'a rien écrit par lui-même; mais son élève Arrien nous rapporte, avec les marques de la fidélité la plus scrupuleuse, ses discours et ses maximes. Sans doute il les prenait sur le vif, et les rédigeait au sortir même de ses entretiens ou de ses leçons, conservant le style et le ton du maître[2]. C'est ainsi, c'est grâce au récit et à l'exposition d'Arrien qu'Épictète a pu se survivre à lui-même dans les quatre livres parvenus jusqu'à nous des *Entretiens ou Discours*, et dans l'*Enchiridion* ou *Manuel*.

II. *Philosophie d'Épictète.*

Épictète parlait grec, même à Rome, et c'est en grec que nous sont rapportées toutes ses maximes. Le fait vaut la peine d'être relevé. Le stoïcisme avait eu à Rome d'illustres interprètes qui l'avaient exposé en latin ; Cicéron, dans son livre *De natura Deorum*, et surtout dans le *De Officiis*; Sénèque, dans ses divers écrits. Ces deux hommes s'adressaient donc (et de là le caractère un peu aristocratique de leur enseignement) aux vrais Romains, aux conquérants du monde, c'est-à-dire à une élite de moins en moins nombreuse. « Le latin est enfermé dans d'étroites limites ; le grec est répandu partout, » disait déjà Cicéron[3]. Qu'était-ce donc un siècle plus tard? Le monde grec et le monde

1. Marc-Aurèle n'a vraisemblablement pas pu l'entendre, comme on l'a quelquefois avancé. Il connaissait sa doctrine, mais par les enseignements de Rusticus, son disciple, et surtout par les livres d'Arrien.
2. Dans plusieurs auteurs, particulièrement dans Stobée, se trouvent beaucoup de sentences d'Épictète qui ne sont pas dans Arrien.
3. Dans le *pro Archia*.

oriental refluaient sur l'Italie; et dans Rome même, si l'on voulait se faire entendre de la populace, il était bon de parler grec[1]. L'empereur Marc-Aurèle aussi va écrire ses *Pensées* en grec, et bien d'autres se serviront de cette langue. Est-ce à dire, en ce qui concerne le stoïcisme, que cette vieille doctrine va revenir sur ses pas? qu'elle va reprendre en sous-œuvre les grandes constructions scientifiques d'autrefois, les théories sur les éléments et les principes constitutifs du monde et les théories logiques qui avaient tant aiguisé la subtilité curieuse de la race grecque? Non. La morale, qui était déjà dans les premiers stoïciens[2] le but par excellence de la philosophie, le terme en vue duquel étaient elles-mêmes disposées les études sur la physique et la logique, la morale tend de plus en plus à absorber la sagesse stoïcienne presque tout entière. La philosophie devient plus populaire; son enseignement est donc plutôt prédication que démonstration : elle offre moins d'abstractions, moins de système qu'autrefois, plus d'analyses intérieures, de casuistique, et peut-être faut-il dire, plus de rhétorique. Quant à la pensée, elle aussi a quelque peu changé; deux caractères nouveaux la distinguent : moins d'orgueil et plus de mysticisme.

Autrefois, en effet, le Sage du Portique ne se proclamait pas seulement une portion de la divinité, ce qui se concevait sans peine, puisque dans le stoïcisme, tant ancien que nouveau, Dieu et la nature ne font qu'un; il insistait particulièrement sur ce point que, dans le jeu des forces naturelles, dans le drame de l'univers, il jouait, pour ainsi dire, un rôle indépendant et un rôle de premier ordre. Mieux encore, il affirmait que le sage n'était pas moins nécessaire à Jupiter que Jupiter au sage : la suppression du sage n'aurait-elle pas diminué, altéré gravement cette raison et cette beauté souveraine qui, bien qu'appelée Dieu ou Jupiter, n'était autre chose que la vie totale du monde,

1. G. Boissier, *Histoire de la religion romaine d'Auguste aux Antonins.*

2. Nous supposons que les élèves qui nous lisent ont déjà quelques notions sur la philosophie stoïcienne en général. Ils peuvent, en tout cas, s'éclairer dans notre *Cours de Philosophie* et dans notre Introduction au *Traité des Devoirs*, de Cicéron.

comprise dans son unité? La sagesse du stoïcien était donc, encore une fois, comme un principe à part, rattaché sans doute au reste de l'univers par les liens d'une nécessité à laquelle rien n'échappait, mais existant néanmoins par lui-même tout aussi bien que ces forces particulières personnifiées sous les noms des dieux secondaires de la vieille religion nationale. Le stoïcien Cotta, que Cicéron fait parler dans un de ses Traités, dit fièrement : « A la vérité, les mortels tiennent des dieux les agréments et les commodités de la vie; mais quant à la vertu, jamais personne ne l'a due à aucun dieu. » Avec Sénèque déjà, et surtout avec Épictète et Marc-Aurèle, le ton n'est plus le même. Que de fois nous allons entendre répéter par ces philosophes que nul n'est sage sans l'aide de Dieu; que rien d'important ne peut être entrepris sans la permission et sans l'aide de Dieu! Il ne sera plus désormais question que de soumission à la Providence; et c'est uniquement dans cette soumission absolue que le sage retrouvera, sinon sa royauté dominatrice, du moins sa liberté.

Si cette humilité relative des nouveaux stoïciens est due à ce qu'ils s'inclinent davantage devant la nature divine, on ne doit pas être étonné de leur tendance au mysticisme. Et, en effet, c'est avec une sorte d'attendrissement qu'Épictète parle de Dieu : « Si j'étais un rossignol, dit-il, je ferais le métier d'un rossignol. Je suis un être raisonnable, il me faut chanter Dieu : voilà mon métier, et je le fais[1]. » Est-ce donc que Dieu est désormais pour l'école stoïcienne un créateur, un guide, un juge, dans le sens où nous l'entendons aujourd'hui, un être personnel enfin? Sans doute, à force de réduire tous les êtres de l'univers et l'homme lui-même à n'être que des parties du grand tout dont Dieu est l'âme et la vie, Épictète semble bien attribuer à Dieu une existence réelle. C'est d'ailleurs entre ces deux excès opposés qu'oscille tout panthéisme : ou il veut conserver l'indépendance des êtres, et alors réduire Dieu à n'être plus qu'un mot, une vaine abstraction; ou il reconnaît pleinement l'être de Dieu, mais il absorbe tout en lui. Mais enfin, si le monde et l'homme ne sont point considérés comme distincts de Dieu, Dieu non plus ne peut être

1. *Discours ou Entretiens*, I, 16.

considéré comme distinct de l'homme ni du monde. Dès
lors sa personnalité est-elle sauve? et ce Dieu est-il bien
différent de la Nature des premiers stoïciens? Nous ne le
pensons pas. Mais il n'y a rien là qui doive nous empê-
cher de comprendre les aspirations d'Épictète, ses invoca-
tions, ses prières. L'histoire de la philosophie nous le
prouve : le vague et l'imperfection des doctrines peuvent
égarer le sentiment religieux, le pervertir, non le sup-
primer. Les superstitions qui pullulent aux époques mêmes
de scepticisme attestent bien ce besoin persistant du sur-
naturel qui tourmente l'homme en dépit de lui. L'Orient
tout entier, si l'on excepte la Judée, a souvent mis au-
tant d'ardeur et de tendresse dans sa manière de sentir
le divin que de faiblesse et d'incertitude dans sa ma-
nière de le comprendre. Or, sous l'empire romain, qui
ne sait que les religions et les cultes de l'Orient venaient
se superposer à l'hellénisme et l'étouffer sous une masse
de croyances confuses et de pratiques sans raison? L'école
d'Alexandrie, qui fut nettement panthéiste, n'a-t-elle pas
recommandé, propagé les pratiques de l'extase et de la
magie qui devaient amener, par la perte de la conscience,
l'union de l'âme humaine avec l'âme impersonnelle du
grand Tout?

Au reste, exposons sommairement l'ensemble des opi-
nions d'Épictète, et l'on pourra se rendre compte de ce que
sa philosophie a conservé, de ce qu'elle a retranché des
croyances de son école et de ce qu'elle a pu y ajouter.

Quelle est la destinée de l'homme? Voilà une question
dont la solution a toujours, on le conçoit sans peine, une
grande influence sur toute espèce de morale. Or, en maint
endroit Épictète se la pose, et ce sont les réponses qu'il y
fait qui, à leur tour, inspirent toutes ses maximes. Mais la
question de la destinée humaine en enveloppe un certain
nombre d'autres, et chez Épictète, notamment, trois prin-
cipales : Dieu, la Providence et la mort.

Douter de l'existence des dieux et de celle de Dieu, c'est,
aux yeux de notre stoïclen, une impiété intolérable et la
source de toute immoralité : « Si l'on pouvait partager
autant qu'on le doit cette croyance, que nous sommes tous
enfants de Dieu au premier chef, que Dieu est le père des
hommes et des divinités, jamais, je pense, on n'aurait des

idées qui nous amoindrissent ou nous rapetissent[1] ! » Tout dans la nature est trop bien combiné; l'agencement de chacune des parties de l'univers, et surtout l'organisation des corps vivants, tout cela sent trop l'artiste pour pouvoir être l'œuvre du hasard. Ce Dieu est donc une intelligence qui pénètre tout, qui connaît tout. « On lui demandait comment on pourrait prouver à quelqu'un que toutes ses actions tombaient sous l'œil de Dieu. — Ne crois-tu pas, dit-il, à l'unité du monde? — J'y crois. — Ne crois-tu pas à l'harmonie du ciel et de la terre? — J'y crois. — Et, en effet, comment les plantes fleurissent-elles? comment mûrissent-elles?... Selon l'ordre de Dieu! Puis, lorsque la lune croît et décroît, lorsque le soleil arrive ou se retire, pourquoi vois-tu sur la terre tant de changements, tant d'échanges des contraires? Et les plantes, et nos corps se relieraient ainsi avec le grand Tout, et seraient en harmonie avec lui, sans que cela fût plus vrai encore de nos âmes? Et nos âmes se relieraient et se rattacheraient ainsi à Dieu comme des *parties qui en ont été détachées, sans que Dieu s'aperçût de leur mouvement,* qui est de même nature que le sien, *qui est le sien même!* Le soleil serait capable d'éclairer une si vaste portion de l'univers..., et celui qui a fait le soleil (*cette partie de lui-même,* si minime par rapport au Tout), celui qui le promène autour du monde, ne serait pas capable de tout connaître[2] ! »

Si toutes les fractions de l'univers sont des parties détachées du grand Tout, il n'est pas étonnant que tout se suive, que tout s'enchaîne. Pour les anciens stoïciens, c'était cet ordre rigoureux qui, par lui seul, sans impliquer la réalisation ni la poursuite d'un idéal supérieur à la liaison même des choses, constituait toute beauté, comme toute vérité, comme tout bien. Chrysippe, dans les traductions que Cicéron donne de plusieurs passages importants de ses écrits, assimile la volonté de Jupiter à la destinée (*fatum*); et cette destinée, à son tour, il la définit : *Sempiterna quædam et indeclinabilis series rerum et catena, volvens ipsa per se...*[3]. Dans Épictète, la forme

<hr>

1. *Discours,* I, 6.
2. *Discours,* I, 14.
3. *De Natura deorum,* I, 15.

du langage est plus poétique, et si le mot de destinée
ne disparaît pas, ni la chose non plus, du moins est-il
plus souvent question de Providence. « C'est Dieu qui a
réglé que, pour l'harmonie de l'univers, il y aurait des
étés et des hivers... [1]. » Il faut louer la Providence de
tout ce qui arrive dans le monde. « Si Jupiter envoie tels
ou tels événements, il a aussi donné à l'homme toutes les
forces nécessaires pour les supporter, et ces forces il les a
données libres, indépendantes, affranchies de toute con-
trainte extérieure; il les a mises à notre disposition com-
plète, sans se réserver à lui-même la puissance de les
entraver ou de leur faire obstacle [2]. »

En un mot, tout procède de Dieu, et la parenté qui unit
l'homme à Dieu est la plus étroite de toutes. Mais est-ce
seulement pour un temps que l'homme éprouve les effets de
cette parenté? et cette Providence lui réserve-t-elle autre
chose que la jouissance de la vie actuelle? Ici Épictète ne
nous laisse malheureusement aucun doute. L'homme est
destiné à mourir comme les épis à être coupés, comme les
feuilles à tomber; et cette mort est si naturelle, si néces-
saire par conséquent, qu'il serait superflu, injuste même
de rien rechercher au delà d'elle. Épictète, à la vérité,
semble bien, en plusieurs circonstances, distinguer l'âme
du corps, ce qui dirige de ce qui est dirigé, ce qui com-
mande de ce qui obéit; et il semble encore qu'à la mort
les destinées de l'un et de l'autre lui apparaissent comme
distinctes. — « On te jettera sans sépulture! — J'y serai
jeté en effet si mon cadavre est moi; mais si je suis autre
chose que mon cadavre, parle d'une façon plus juste, dis
ce qui est réellement et ne cherche pas à me faire
peur [3]. » Que devient donc ce quelque chose qui est
autre que le cadavre? Ici Épictète ne s'explique pas da-
vantage; mais il est évident qu'il avait retenu sur ce
point, comme sur presque tous les autres, la vraie doc-
trine du stoïcisme. Les âmes sont des étincelles détachées
du feu divin, des étincelles un peu plus riches que les
autres; elles ne périront pas : car en ce monde rien ne

1. *Discours*, I, 12.
2. *Discours*, I, 6.
3. *Discours*, IV, 7.

périt, la matière proprement dite non plus ne périt pas. Mais tout change incessamment de forme, parce que tout entre dans des combinaisons toujours nouvelles, et par conséquent ce que nous appelons la personnalité humaine n'existe plus après la mort. Mais laissons parler le philosophe ; les nuances sont ici tellement délicates que la meilleure manière d'exposer est de traduire.

« Tu t'en iras vers des choses amies et de même genre que toi. Tout ce qu'il y avait de feu en toi ira vers le feu ; tout ce qu'il y avait de terre vers la terre. Point d'enfer, point d'Achéron : tout est peuplé de dieux et de génies[1]. »

« Mais voici le moment de mourir. — Que dis-tu de mourir? Ne grossis pas les choses d'une façon théâtrale ; dis que voici le moment où ma substance va se décomposer dans les éléments dont elle est composée. Et qu'y a-t-il là de si terrible? Est-il donc rien qui doive périr dans ce monde[2]? »

« Il n'y a dans tout cela que des transformations des choses les unes dans les autres : il n'y a pas d'anéantissement. Ordre, règle, disposition de l'ensemble, voilà tout ce qu'il y a là. Il n'y a pas autre chose dans la mort : ce n'est qu'un grand changement. L'être actuel s'y change, non pas en non-être, mais en quelque chose qui n'est pas actuellement. — Est-ce donc que je ne serai plus? — Si, tu seras ; mais tu seras quelque autre chose dont le monde aura besoin en ce moment. Tu n'es pas né en effet quand tu l'as voulu, mais quand le monde a eu besoin de toi[3]. »

Ainsi notre destinée, celle du moins dont nos personnes libres ont le souci tant que dure la forme propre à la vie humaine, cette destinée n'a qu'un temps. « Je suis une partie du grand Tout, comme l'heure est une partie du jour. Il faut que je vienne comme vient l'heure et que je passe comme elle[4]. » Mais pendant cette vie, quel est donc le devoir de l'homme? De comprendre autant qu'il le

1. *Discours*, III, 23.
2. *Discours*, IV, 7.
3. *Discours*, III, 24.
4. *Discours*, III, 5.

peut l'ordre immuable du monde, de reconnaître qu'il en
est lui-même une partie dont le sort est fixé d'avance, et
de se résigner à toutes les choses qui arrivent : car par cela
seul qu'elles arrivent, elles étaient arrêtées, inévitables,
nécessaires, justes par conséquent. Qu'au lieu de dire avec
ses prédécesseurs « *Vis conformément à la nature*, » Épic-
tète dise « *Vis conformément à la volonté de Dieu*, » il est
facile de voir qu'il ne change rien qu'un mot au dogme
stoïcien. Par qui, en effet, le disciple d'Épictète connaît-
il la volonté de Dieu, sinon par les événements qui sur-
viennent dans la nature ? Il lui est recommandé sans doute
de coopérer à l'œuvre de la Providence ; mais de quelle
manière ? en y acquiesçant ; le philosophe n'en donne au-
cune autre. Et ce n'est pas seulement l'infirmité actuelle de
l'homme qui en est cause. Ses facultés seraient augmen-
tées que la loi resterait la même. En effet, « si l'homme
de bien connaissait l'avenir, il coopérerait lui-même à ses
maladies, à sa mort, à sa mutilation, parce qu'il dirait
que ce sont là des lots qui lui reviennent dans la distri-
bution de l'ensemble, et que le tout y est plus important
que la partie. » Mais quoi ! ne s'agit-il pas seulement des
conditions matérielles au milieu desquelles doit s'accom-
plir notre propre existence ? Le philosophe n'entend-il pas
que chacun de nous, usant des ressources qui lui sont
données et n'en cherchant point d'autres, réserve son initia-
tive et son énergie pour l'amélioration du sort de ses sem-
blables ? En aucune façon ; spectateur et admirateur né de
l'univers, l'homme ne peut et ne doit vouloir rien changer
à quoi que ce soit. « Je veux m'instruire, c'est-à-dire ap-
prendre à vouloir chaque chose comme elle arrive. Et
comment arrive-t-elle ? Comme l'a réglé celui qui règle
tout. Or il a réglé que, pour l'harmonie de l'univers, il y
aurait des étés et des hivers, des temps d'abondance et des
temps de disette, des vertus et des vices et tous les au-
tres contraires[1]. » Donc le vice est aussi bien que la
vertu dans l'ordre et dans l'harmonie du monde, puisque
les contraires, semble-t-il, sont nécessaires à l'harmonie.
Épictète recule si peu devant cette opinion qu'il en tire
immédiatement des conséquences pratiques. Non-seule-
ment nous ne pouvons rien changer aux événements, mais

1. *Discours*, I, 12.

il ne dépend même pas de nous d'améliorer les esprits et
les cœurs de ceux qui nous entourent. « Nous devons avoir
la pensée de cet ordre (universel), non pour changer
l'état des choses, car cela n'est pas possible et ne nous
serait pas utile, mais pour apprendre, tandis que les
choses qui nous entourent sont comme elles sont et comme
il est dans leur nature d'être, à conformer notre propre
volonté aux événements. Voyez, en effet, pouvons-nous
fuir les hommes? — Eh! comment le pourrions-nous?
— En vivant avec eux, pouvons-nous du moins les chan-
ger? — Qui nous en a donné les moyens?— Que reste-t-il
donc de possible, et quelle façon trouver d'en user avec
eux? Ne sera-ce pas de leur laisser faire ce qui leur sem-
blera bon, tandis que nous, personnellement, nous reste-
rons malgré tout en conformité avec la nature [1]. »

Mais comment concilier avec ces passages si clairs l'a-
mour de l'enseignement, on peut dire de la prédication qui
tourmentait les derniers stoïciens, Épictète comme les
autres? Lui-même n'a-t-il donc pas écrit? N'a-t-il pas
du moins enseigné les règles de la sagesse? N'a-t-il pas eu
des disciples? N'a-t-il pas exposé, sous les traits du cyni-
que idéal, le type de l'apostolat païen? Tout d'abord, cela
ne se concilierait pas qu'il ne faudrait pas s'en étonner
outre mesure. Bien des systèmes, bien des opinions ne se
soutiennent auprès des âmes sincères et honnêtes que par
les contradictions, tant que celles-ci ne sont pas trop ap-
parentes. Mais Épictète avait sa manière d'entendre la pré-
dication. Il faut choisir ceux à qui l'on parle. Tout le
monde n'est pas digne d'écouter les leçons du sage, parce
que tout le monde n'y est pas également préparé. Mais
il est des esprits auxquels on peut faire voir clairement
qu'ils se trompent. Si donc on est assez heureux pour con-
naître soi-même la vérité, qu'on la leur montre, ils l'aperce-
vront immédiatement, et d'eux-mêmes ils changeront de
conduite. Ce n'est pas encore là cependant la plus consi-
dérable et la meilleure partie de l'enseignement du philo-
sophe. Il doit surtout prêcher d'exemple. Il est dans sa
nature d'être plus sage que le reste des hommes. Qu'il soit
donc un témoin de la divinité qui l'inspire. Qu'il se dise
à lui-même : « Dieu m'a choisi pour être une démonstra-

____

1. *Discours*, I, 12.

tion vivante de ses principes[1]. » S'il est dans la nature de ceux qui l'entourent de comprendre ses exemples, ils les suivront ; sinon, non, et il n'en prend nul souci, parce qu'il n'y peut rien. En attendant, son métier est de chanter les louanges de Dieu, il fait son métier. Les conséquences de ses paroles ne dépendent pas de lui.

Un esprit analogue préside à l'exposé des devoirs de l'homme envers ses semblables. On a quelquefois accusé le sage stoïcien d'égoisme, comme on l'accuse généralement d'orgueil. Il faut s'entendre. L'égoïsme pratique, si l'on peut ainsi s'exprimer, Épictète ne l'admet en aucune façon. L'objection faite à sa doctrine, il l'a prévue, entendue sans doute, car il y répond : « Afin, écrit-il, que tu ne dises pas que je te montre comme exemple un homme dégagé de tout lien social, un homme n'ayant ni femme, ni enfants, ni patrie, ni amis, ni parents pour le faire plier et dévier, prends-moi Socrate[2]. » Et alors vient pour la dixième fois l'éloge de Socrate, modèle du mari, du citoyen, de l'ami... Car Épictète prise fort l'amitié elle-même, et il en parle avec une délicatesse touchante. Ces maximes, d'ailleurs, sont parfaitement conformes à la sagesse stoïcienne. Dans la nature, qui doit nous servir de modèle, est-ce que tout n'est pas lié? Est-ce que tous les phénomènes ne sont pas réciproquement moyens et fins? Est-ce que dans chaque ensemble naturel la partie n'est pas subordonnée au tout? Comment donc les hommes ne seraient-ils pas liés les uns aux autres? Comment l'individu ne serait-il pas obligé de se sacrifier à sa famille, plus encore à sa patrie et plus encore à l'humanité? On peut même dire que cette dernière idée, nulle philosophie antique n'a plus fait pour la propager que le stoïcisme. « Dis-moi, dit encore Épictète, est-ce que Diogène n'aimait personne, lui qui avait tant de bonté, tant d'amour pour l'humanité, qu'il a supporté avec bonheur toutes les fatigues et toutes les misères corporelles pour l'intérêt général des hommes[3]? »

Toutefois cet amour pour les autres hommes doit être

1. *Discours*, III, 24. Voyez plus bas, dans le *Manuel*, les chapitres 46 et 47.
2. *Discours*, IV, 1.
3. *Discours*, IV, 1.

renfermé dans des limites déterminées. L'idéal du sage n'est pas un Dieu qui se donne et qui se partage, c'est un Dieu qui se suffit à lui-même et qui vit dans la contemplation de ses propres idées[1].

Il est donc une chose qui passe avant l'amour, qui est au-dessus de l'amour et à laquelle tout est subordonné dans la vie du sage : c'est la liberté. Si votre amour pour vos amis doit vous enlever votre liberté d'esprit, n'ayez pas d'amis. Mais cherchons plus de précision, s'il est possible : car jusque-là le stoïcisme n'a point tout à fait tort. L'amour ne doit pas aller jusqu'à l'annihilation de la personne qui aime : or la perte de la liberté, n'est-ce pas l'annihilation de la personne? Mais si le sage d'Épictète est prêt à se dévouer pour les siens, s'il le faut, au fond les aime-t-il dans le sens que nous donnons aujourd'hui à ce mot? Au lieu d'attendre avec une docilité et une résignation passive l'heure du sacrifice que la nature semblera lui imposer pour eux, va-t-il, avec sollicitude et tendresse, au-devant de leurs besoins physiques et moraux? Répondons non, sans hésiter. Il vit au milieu de ses parents, de ses concitoyens, de ses amis, comme au milieu des choses de la nature, auxquelles il est également lié en vertu de l'ordre universel; il observe toutes ces relations parce qu'il le doit ; mais il n'y met pas son âme. N'y a-t-il pas même quelque dédain dans cette sèche énumération où les devoirs de la famille sont placés pêle-mêle à côté des fonctions physiques? « Mange comme doit manger un homme, bois, habille-toi, marie-toi, remplis tes devoirs de citoyen, comme doit le faire un homme; supporte les injures, accepte les torts de tes frères[2]... »

Sans doute, Épictète combat vivement et à plusieurs reprises les disciples d'Épicure, qui préfèrent le repos à tout, s'abstiennent quand même, systématiquement, des affaires de l'État. « Tu es dans une ville capitale : il faut être magistrat, rendre équitablement la justice, t'abstenir du bien d'autrui[3]. » Tout cela est bien. Mais tout cela doit s'accomplir en quelque sorte machinalement, le sage réservant pour lui seul sa sensibi-

1. *Discours*, III, 13.
2. *Discours*, II, 4.
3. *Discours*, III, 7.

lité et sa pensée. « Rien n'empêche le sage de s'occuper du gouvernement, s'il doit s'y considérer comme au milieu des mouches [1]. » Sans doute, dire à l'homme d'État: « Ne croyez pas que la destinée humaine soit épuisée par cette vie terrestre; ne croyez pas que notre société temporelle n'ait d'autre but qu'elle-même; conduisez-vous donc comme au milieu d'hommes périssables, vous jugeant périssable vous-même, mais appelé, ainsi que tous ceux que vous gouvernez, à la possession d'une autre patrie meilleure, etc.; » rien de mieux. Mais lui dire : « Conduisez-vous comme au milieu des mouches, » c'est-à-dire apparemment au milieu d'êtres avec lesquels ne nous lie aucune solidarité, c'est trop. Ce désintéressement absolu à l'égard des hommes comme à l'égard des choses, ce détachement complet, cette absence de pitié comme de colère, cette impassibilité, en un mot, entraînent chez Épictète une résignation singulière. Il est inutile de montrer par des citations, qui cependant seraient topiques [2], comment, en se désintéressant des fautes de ceux qui lui tiennent de près et en s'en lavant les mains, pour ainsi dire, le sage idéal de notre auteur s'abstient, à tort, de l'un des devoirs les plus essentiels du chef de famille. A. ceux qui, plus faibles que nous, s'appuient naturellement sur nous et comptent sur notre vigilance, nous devons aide et protection, non-seulement contre les dangers physiques, mais surtout contre les périls moraux. Et d'ailleurs, ne serait-ce pas réduire la famille à une cohabitation toute matérielle, sans aucune espèce de valeur morale, que de ne pas chercher constamment l'harmonie des cœurs et des âmes, l'accord aussi parfait que possible des volontés? Épictète a donc obéi à une mauvaise inspiration, quand il nous a dit que nous ne pouvions rien pour changer personne, quand il a professé, comme il est écrit dans le *Manuel*, qu'il vaut mieux laisser les autres vicieux que de nous rendre nous-mêmes misérables en troublant le calme de notre âme.

La possession de ce calme personnel est tellement, aux

---

1. *Discours*, I, 22.
2. On peut voir, entre autres, *Discours*, I, 18.

yeux d'Épictète, le but suprême et on peut dire unique de
la vie, qu'il ne craint pas de conseiller le suicide quand
l'existence paraît insupportable. Si la vie devient troublée
et malheureuse, elle est comme une maison pleine de
fumée. Tant qu'il fume modérément, on reste; s'il fume
trop, on part. « Car il y a une chose qu'il faut avoir tou-
jours présente à l'esprit, c'est que la porte nous est
ouverte[1]. » La résignation stoïque a donc des limites.
Suffit-elle à garantir la sérénité, le repos de l'âme, le bon-
heur, par conséquent, tel que la secte se le représente, on
doit vivre. N'y suffit-elle plus, on n'a plus désormais rien
à faire en ce monde. A toutes les objections trop pres-
santes, aux réclamations des misérables accablés sous le
poids d'une souffrance qu'ils jugent imméritée, le stoïcisme
a cette dernière réponse toujours prête : « Le tyran t'en-
voie à Gyaros, tu peux aller dans un lieu où celui qui
t'envoie à Gyaros ira lui aussi, qu'il le veuille ou non.
Pourquoi donc alors partir pour l'exil comme pour le
malheur[2]? » Veut-on quelque chose de plus net encore?
« Tout ce qui est conforme à la raison se peut supporter.
La pendaison elle-même se peut supporter. Lorsque
quelqu'un croit qu'elle est conforme à la raison, il s'en
va et se pend[3]. »

Parlons maintenant de cette liberté qui est le bien par
excellence, le but de la vie du stoïcien. Ce mot peut être
pris dans deux sens différents. D'abord il y a cette liberté
d'esprit dont Épictète vient de nous parler plus d'une fois,
et qui est l'état idéal de l'âme. C'est l'indépendance par-
faite, la pleine disposition de soi-même, sans contrariété,
sans obstacle, sans entrave de la part des hommes ni des
choses[4]. Celui qui jouit de cette liberté est calme, tran-

____

1. *Discours*, I, 25.
2. *Discours*, I, 25.
3. *Discours*, I, 2. — Ces maximes sont tristes, assurément;
mais elles sont dans notre philosophe. Pourquoi les cache-
rions-nous? Il faut d'ailleurs les avoir lues pour bien saisir
le point auquel se rapportait, pour ainsi dire, toute la per-
spective de la vie dans la doctrine stoïcienne. Cette doctrine
avait toujours approuvé le suicide. Voyez notre traduction
du *Traité des Devoirs*, I, 114, et la note.
4. *Discours*, IV, 1.

quille, heureux, au sein de ce que les hommes appellent souffrance et infortune; il est en commerce avec Dieu, on peut aller jusqu'à dire qu'il est dieu lui-même[1]. Mais c'est là un état tout idéal. C'est une chose qui s'achète cher et à haut prix. Épictète lui-même confesse qu'il n'en est pas encore là. Diogène, voilà un homme libre, Socrate aussi sans doute, Cratès le Cynique et Zénon. Mais autour de lui, c'est en vain qu'Épictète cherche leur pareil « De par tous les dieux! s'écrie-t-il, je voudrais voir un stoïcien! Si vous ne pouvez m'en montrer un tout fait, montrez-m'en un qui soit en train de se faire, ou qui penche vers cette manière d'être. Soyez bons pour moi. Ne refusez pas à ma vieillesse la vue d'un spectacle que je n'ai pas encore eu sous les yeux... Que quelqu'un d'entre vous me montre une âme d'homme qui veuille être en communauté de pensées avec Dieu, n'accuser ni Dieu ni homme, n'être frustré de rien, n'aller se heurter contre rien, n'avoir ni colère, ni haine, ni jalousie; une âme qui veuille (à quoi bon tant d'ambages?) devenir un dieu au lieu d'un homme, et qui songe, dans ce misérable corps périssable, à vivre en société avec Jupiter. Montrez-m'en une[2]. »

Certes, l'idéal semble bien élevé. Il l'est en effet, il l'est même trop à beaucoup d'égards. N'attendant rien par delà cette vie terrestre et mortelle, rien qu'une participation impersonnelle et inconsciente sans doute à l'ordre universel, Épictète voudrait que l'homme réalisât dès ici-bas l'idéal de perfection que sa noble intelligence et sa grande âme ont entrevu. Mais n'est-ce pas là précisément qu'est la chimère? Et voyez les conséquences de cette erreur, quel les contradictions elle amène! Notre philosophe veut faire de l'homme un dieu mortel; il rêve pour lui, dans les limites de la vie, une perfection absolue. Mais pour lui assurer la victoire, pour ne donner aux choses aucune prise sur lui, pour ne lui faire chercher que ce qu'il peut obtenir en effet, n'est-il pas ensuite obligé de dépouiller et d'appauvrir son idéal? Car enfin, qu'est-ce que cette puissance indépendante de l'âme, qu'est-ce que cette liberté qu'il

1. *Discours*, II, 19.
2. *Discours*, II, 19.

poursuit? Est-ce la plénitude de la vie? Est-ce le rayonnement universel de l'amour, la mutuelle pénétration des âmes? Est-ce la conquête progressive de ces mêmes âmes les unes par les autres? Est-ce la transformation graduelle du globe terrestre? Est-ce l'élargissement indéfini de la pensée? L'âme alors trouverait sa force et sa liberté dans la grandeur de sa mission, dans la certitude de ses progrès à venir, dans l'immensité et l'éternité de ses espérances. Mais non. Pour rendre l'âme heureuse, forte et libre, voici les seuls moyens que le stoïcisme ait pu trouver: supporter et s'abstenir, vouloir toutes les choses comme elles arrivent, prendre tous les hommes comme ils sont. « Ce n'est pas en satisfaisant ses désirs qu'on se fait libre, mais en se délivrant du désir... La seule route qui conduise à la liberté, le seul moyen de s'affranchir de la servitude, c'est de pouvoir dire : O Jupiter, ô destinée, conduisez-moi partout où il vous a plu de me placer[1]. »

En d'autres termes, dire que les choses extérieures à nous ne sont pas des biens, qu'il n'y a de biens que les biens intérieurs, que ceux qui dépendent de nous, cela aussi est admirable : ce sont des maximes qui méritent d'être conservées; mais si on les interprète selon le stoïcisme, qu'en devient le haut prix, ou plutôt qu'en subsiste-t-il? Car ces biens intérieurs, en fin de compte, se réduisent à conformer ses désirs et sa volonté à ce qui arrive, c'est-à-dire à ce qui est extérieur à nous. Sans doute ne rien désirer est un moyen de n'être pas frustré; ne rien vouloir de soi-même est encore un moyen de ne pas échouer. Mais alors à quoi se réduit la vie de l'âme? Ne s'approche-t-elle pas de l'inertie?

Quoi qu'il en soit, prenons cet idéal de liberté tel qu'Épictète nous le présente. De son aveu, trois ou quatre hommes à peine y sont parvenus depuis le commencement du monde. Mais n'y a-t-il pas une autre espèce de liberté, la liberté de choisir entre deux actes, la liberté d'agir bien ou mal? Quel rapport y a-t-il entre cette liberté-ci et la première? Et si la première est si rare, la seconde n'est-elle pas le commun attribut de tous les hommes?

Épictète a peut-être entrevu les rapports de ces deux espèces de liberté; car, ainsi que plus d'un philosophe

1. *Discours*, IV, 2.

ancien et moderne, il les confond quelquefois l'une avec l'autre. Au fait, l'une est le terme du mouvement moral, l'autre est le mouvement moral lui-même. Si l'homme se sent libre de faire bien plutôt que de faire mal, n'est-ce pas que, mû par une persistante espérance d'atteindre l'idéal de liberté pour lequel il se croit né, il est toujours, par cette espérance même, sollicité de s'élever au-dessus de la vie animale, au-dessus de la vie humaine individuelle, personnelle, égoïste, c'est-à-dire isolée, immobi e et stérile? N'est-ce pas précisément cette sollicitation continuelle qui l'affranchit du joug de l'instinct et de la tyrannie des mobiles inférieurs? Épictète ne s'est pas élevé jusque-là. Mais trouvant le fait du libre arbitre, il l'a constaté souvent, et il l'a expliqué à sa manière. C'est de quoi il nous reste à parler pour compléter l'examen de sa morale. Nous avons vu en quoi il fait consister la loi de l'humanité : voyons maintenant quels moyens il reconnaît à l'humanité pour accomplir la loi.

Épictète pose en principe que l'homme ne veut jamais faire le mal pour le mal. Toute faute renferme une contradiction. Celui qui la commet ne voulait pas commettre une faute, mais arriver à bien; donc il s'est trompé[1]. « En effet, le bien qui se montre à l'âme l'attire immédiatement à lui, le mal l'en éloigne. Jamais l'âme ne refusera le bien qui se montrera clairement à elle, pas plus que le banquier la monnaie de César[2]. » — « Depuis que la race humaine existe, toutes nos fautes, toutes nos erreurs sont venues de notre ignorance. Un homme fait mal : montre-lui clairement qu'il fait mal, et aussitôt il changera de conduite[3]. » Épictète ne fait aucune exception, pas même pour les fautes où il est bien difficile de croire que l'homme pèche par erreur ou par ignorance. « Qu'est-ce que les filous et les voleurs? Des gens qui se trompent sur ce qui est bon et sur ce qui est mauvais. Par suite, est-ce de l'indignation ou de la pitié qu'ils doivent t'inspirer? Montre-leur qu'ils se trompent, et tu verras comment ils cesseront de mal faire[4]. »

1. *Discours*, I, 26.
2. *Discours*, II, 3.
3. *Discours*, II, 21.
4. *Discours*, I, 18.

Ainsi, quand l'homme fait le mal, devons-nous croire qu'aux yeux d'Épictète il n'use ni par conséquent ne mésuse de sa liberté? Au moment même où il fait le mal, il semble bien en effet que notre philosophe ne le croit pas libre. Mais il faut se poser une autre question. Dépend-il de l'homme de connaître ou non la vérité? Est-il libre d'éviter l'erreur? Ici la difficulté s'accroît. D'un côté, sans doute, nous trouvons des réponses négatives très-nettes. « Il ne sera sévère pour personne, parce qu'il sera pénétré de cette parole de Platon : C'est toujours malgré elle qu'une âme est sevrée de la vérité[1]. » D'autre part, cependant, nous trouvons que le libre arbitre est aussi bien dans la faculté de juger que dans celle de vouloir, ou plutôt que ces deux facultés n'en font qu'une[2]. Ou encore Épictète est en train d'établir qu'on ne doit souffrir en soi-même aucune inquiétude. Et comme on lui objecte : « Ne m'inquiéterai-je donc pas de tomber dans l'erreur? » il répond : « Non, car il dépend de moi de n'y pas tomber[3]. »

Assurément, les moralistes qui composent à la façon d'Épictète ne veulent pas être serrés de trop près; et vouloir faire sortir de leurs écrits un système un, complet, harmonieux, c'est s'exposer à forcer leur pensée. Et puis les difficultés que nous trouvons ici dans les doctrines ne sont-elles pas également dans les choses, du moins dans les portions des choses qu'il est donné à notre faible intelligence de contempler? Nous ne voulons donc pas chercher à concilier à tout prix des affirmations qui semblent si différentes. Cependant un peu d'attention apportée au langage d'Épictète nous fournira peut-être quelque explication.

Il est une expression qui revient souvent dans ses écrits, lorsqu'il veut parler de la puissance que nous avons sur nous-mêmes, c'est χρῆσις τῶν φαντασιῶν. Les φαντασίαι, ce sont proprement les images qui s'offrent à nous; mais ces images, produits de nos sensations, forment la matière de nos pensées; elles viennent donc, dans mille combinaisons, assaillir notre intelligence, diriger à notre insu le cours de nos idées. N'influent-elles pas également sur nos désirs et

1. *Discours*, I, 22.
2. *Discours*, I, 17.
3. *Discours*, II, 13.

nos résolutions? Quand nous sommes tentés, par exemple, n'est-ce pas toujours à la suite de quelque image qui vient se présenter à nous sans que nous l'ayons appelée, ou malgré nous? Or, qu'est-ce donc qui dépend de nous? C'est la manière d'user de tout cela : χρῆσις. Ainsi quand nous montrons clairement la vérité à quelqu'un, son esprit devient à l'instant même libre d'user de cette vérité, d'y donner son adhésion et d'y conformer sa conduite. Pourquoi? Parce que nous avons réussi à modifier les idées qui s'offrent à lui. Mais par contre, n'y a-t-il pas une multitude d'individus qui sont forcément esclaves des fantômes, des aprences, des imaginations en un mot, que leur imposent le milieu où ils se trouvent, leur éducation, leur nature? Ceux-là se trompent en effet, et ils ne peuvent pas ne pas se tromper. Et il en est même sur qui les règles les plus claires de la logique ni les enseignements du plus sage ne peuvent rien [1]. Telles sont les distinctions qui peuvent peut-être atténuer les contradictions d'Épictète. Rappelons d'ailleurs que les contradictions des stoïciens étaient déjà fameuses dans l'antiquité même [2]. Et enfin, si Épictète s'est peu soucié, à ce qu'il semble, d'éclaircir la vraie nature du libre arbitre de chacun, c'est qu'il se préoccupait avant tout sinon du sage, du moins de celui qui était déjà capable de le devenir, faisant en réalité peu d'attention au commun des hommes.

Telle est la doctrine stoïcienne dont Épictète s'est inspiré. Il était nécessaire, pensons-nous, de reconstituer l'ensemble d'où sont tirées les maximes qui composent le *Manuel*. Il est rare, en effet, qu'un précepte moral puisse être pris isolément. Le plus souvent il est nécessaire de voir quels sont les principes dont il découle et qui peuvent, à côté de ce précepte, en inspirer d'autres qui le complètent, le rectifient, ou qui le compromettent et en restreignent la portée. Ainsi telle philosophie commande la patience, la résignation. Mais dans quel but et au nom de quel principe le fait-elle? Est-ce parce que la mort doit bientôt terminer notre destinée ou parce qu'elle doit nous en ouvrir une nouvelle? Qui ne voit que dans l'une

1. *Discours*, II, 24, 25.
2. Plutarque a consacré tout un traité à ce sujet.

ou l'autre hypothèse ma résignation ne présentera pas les mêmes caractères? On me dit de vivre en bonne harmonie avec tous les hommes. Mais est-ce parce que je ne puis rien pour les changer et parce que je suis obligé de les subir, ou parce que, pouvant et devant les améliorer, au moins dans une certaine mesure, il faut que je juge qu'eux et moi sommes solidaires et que je me préoccupe de leur salut comme du mien? Et ainsi de suite.

Cependant, si nous jugeons bon de nous prémunir contre les erreurs historiques et contre les réhabilitations intempestives, il faut éviter d'être injuste : il faut aussi, pour son profit personnel, lire les hommes de bonne volonté avec la charité qu'ils méritent, en sachant interpréter leurs maximes et les éclairer, pour ainsi dire, d'une lumière plus pure que celle qu'ils ont connue. Épictète est sur les confins de deux mondes, du monde païen qui finit, du monde chrétien qui commence. Lequel des deux a-t-il été à même de connaître? Le premier, le premier seul, évidemment. C'est donc de ce côté qu'il s'est tourné. Et qu'y voyait-il? Beaucoup de confusion, beaucoup d'injustices, beaucoup de crimes, et l'impuissance de tout homme qui eût voulu y porter remède, que celui-là fût un esclave comme lui-même ou un empereur comme Marc-Aurèle. Comment donc le sage pouvait-il *user* de tous ces tristes fantômes dont son imagination devait être sans cesse obsédée? N'était-il point amené à se réfugier dans cette impassibilité de l'âme, pur au moins de tout commerce avec l'injustice, ne demandant rien aux puissances du monde, et se consolant du désordre de la société par l'adoration de l'ordre éternel de la nature? Tournés du côté de l'esprit nouveau, du côté de la lumière, quelle fécondité n'eussent pas manifestée ces germes de sagesse, où tant de force, tant de patience, tant d'esprit de dévouement, tant de résignation, tant de pureté d'âme, tant d'amour des choses spirituelles, et aussi tant de bon sens, tant de vigueur et de résolution sont déposés! Une dernière fois, qu'est-ce donc qui manquait à cette sagesse pour l'éclairer, la guider et l'amener enfin au vrai but? Un rayon d'espérance. La *Bonne Nouvelle* seule eût pu le faire tomber sur Épictète.

III. *Analyse du Manuel d'Épictète.*

Le *Manuel* est comme un abrégé des Discours ou Entretiens d'Épictète, du moins sur tout ce qui touche à la morale pratique du stoïcisme. Ainsi, dans la littérature moderne, on a souvent recueilli, sous le titre de Pensées, des passages pris çà et là dans les divers ouvrages de tel philosophe, de tel moraliste ou de tel littérateur. Il ne faut donc point chercher ici (moins encore que dans les Discours) l'exposition suivie d'un système. Le *Manuel* renferme même bien des maximes dont le vrai sens risquerait d'être mal compris, si on ne les éclairait par des comparaisons avec les autres écrits du même auteur, ainsi que nous avons essayé de le faire dans cette introduction et dans les notes

Le *Manuel* comprend cinquante-trois chapitres, renfermant tantôt une seule, tantôt plusieurs maximes. Ces chapitres se succèdent sans beaucoup d'ordre et ne présentent aucune exposition systématique ni même suivie.

En voici les pensées les plus saillantes :

D'abord, la distinction des choses qui dépendent de nous et de celles qui ne dépendent pas de nous; un philosophe moderne dirait, des biens intérieurs et des biens extérieurs (1). Cette distinction, Épictète la tourne et la retourne, pour ainsi dire, dans tous les sens. La méconnaître, c'est s'exposer à devenir impie (1), ridicule (I, VI, XLIV), malheureux (I, II, III, VIII, XIV), esclave des hommes comme des circonstances (I, XIV, XXVIII), esclave aussi de l'opinion; or ce qui fait qu'une chose trouble ou afflige, ce n'est pas sa nature propre, c'est l'opinion qu'on se fait d'elle (V, XVI, XXVI).

D'heureuses applications sont faites de cette distinction fondamentale, quand le stoïcien recommande de ne donner aucune prise sur soi ni aux hommes qui paraissent plus heureux ou plus puissants et dont il faudrait acheter les faveurs par des bassesses (XIX, XX, XXV), ni à la multitude dont il faut savoir, à l'occasion, dédaigner les jugements irréfléchis (XIII, XXII, XXIV), ni au devin qui ne peut que nous présager et nous annoncer des choses indifférentes au vrai bonheur (XVIII, XXXII), ni enfin à ses propres passions, à la sensualité, à l'orgueil, ni à son imagination (II, x, xxxiii, xxxiv); ces derniers ennemis, on les combat avec avantage en temporisant, en leur donnant le temps de se calmer et de s'affaiblir (xx, xxxiv).

D'autres applications sont moins heureuses. Ainsi, parmi les biens extérieurs, Épictète semble ranger non-seulement les honneurs, non-seulement l'estime des autres hommes, mais même les affections de la famille (iii, vii, xv). Il veut aussi que pour jouir en paix et en toute liberté des biens qui dépendent de lui, l'homme soit indifférent à la conduite des autres et accepte tous les événements comme ils arrivent (viii, ix, xii, xiv).

Viennent ensuite des conseils pratiques sur la nécessité d'être conséquent avec soi-même, de ne pas changer tous les jours de conduite et de projets (xxix), sur la manière de reconnaître et d'observer ses devoirs envers les hommes et les dieux (xxx, xxxi, xxxii, xxxiii).

Plusieurs fragments sont consacrés à établir la supériorité de la morale pratique sur la morale théorique (xlix, lii). L'idée de la Destinée et de l'obéissance absolue qui lui serait due termine le *Manuel*.

Toutes ces maximes s'adressent à un jeune disciple qui débute dans la philosophie. Épictète ne lui demande pas d'atteindre immédiatement la perfection, mais il lui demande d'y aspirer (i, ii, xxix, xxxiii, li).

La maxime fondamentale du *Manuel* est qu'il faut aimer et rechercher uniquement ce qui dépend de nous : de là des préceptes aussi beaux que sages sur l'indépendance de la vie, sur le mépris des plaisirs sensibles, sur la prudence avec laquelle on ne doit commencer une entreprise que lorsqu'on se sent capable de la mener à bien. Malheureusement, Épictète range parmi les biens extérieurs dont il faut se détacher le plus possible les jouissances de la famille et la direction morale de ceux-là mêmes qui nous touchent de près. Il veut que le sage soit indifférent à tous les triomphes et à toutes les défaites, non moins qu'au bonheur et même à la vertu des autres. Après avoir proposé, pour but de la vie morale la possession de la liberté, il met toute la liberté dans l'acquiescement absolu à la nécessité. Sa morale peut se résumer dans la maxime fataliste de son école : « Supporte et abstiens-toi. »

HENRI JOLY.

2.

MANUEL D'ÉPICTÈTE[1]

1.

1. Il y a des choses qui dépendent de nous et il y en a qui ne dépendent pas de nous[2]. Ce qui dépend de nous, ce sont nos pensées, nos résolutions, les mouvements par lesquels notre volonté se porte vers un objet ou s'en détourne : en un mot tout ce qui est notre œuvre. Ce qui ne dépend pas de nous, c'est notre corps, c'est la richesse, c'est l'opinion d'autrui, c'est le pouvoir : en un mot tout ce qui n'est pas notre œuvre.

2. Les choses qui dépendent de nous sont libres par essence ; elles ne peuvent être ni empêchées ni contrariées ; celles qui ne dépendent pas de nous sont faibles, esclaves, incertaines, étrangères à nous.

3. Souviens-toi donc de ceci : si tu crois libre ce qui de sa nature est esclave, si tu crois pouvoir disposer de ce qui dépend d'une puissance autre que la tienne, tu seras entravé, affligé, troublé ; tu te plaindras des dieux et des hommes. Si au contraire tu regardes comme tien cela seul qui est véritablement tien, comme étranger à toi ce qui est étranger à toi, nul ne pourra te contraindre ou te faire obstacle, tu ne te plaindras de personne, tu n'accuseras personne, tu ne feras rien malgré toi, personne ne te lésera, tu n'auras point d'ennemi, tu ne seras obligé de te plier à rien de fâcheux.

1. *Manuel*, de ἐγχειρίδιον (ἐν, *dans*, χείρ, *main*). Ce mot ne signifie pas, pour Arrien, un livre qu'on doit toujours avoir sous la main, mais, suivant le commentaire de Simplicius, une arme de combat qu'il faut toujours avoir à sa portée et dont il faut toujours être prêt à se servir.

2. C'est par cette distinction fondamentale que s'ouvrent aussi les *Discours* ou *Entretiens philosophiques*, dans lesquels Arrien a longuement exposé la philosophie d'Épictète. D'ailleurs, le *Manuel* n'est que le résumé ou une suite d'extraits, peu méthodiques, il faut l'avouer, des *Entretiens*. (Voir l'Introduction.)

4. Si tu aspires à un si noble but[1], rappelle-toi donc qu'une telle entreprise ne peut être embrassée mollement, que tu dois renoncer entièrement à certaines choses, que tu dois t'abstenir pour le moment de certaines autres. Si, en effet, désirant ces biens, tu cherches de plus le pouvoir et la richesse, tu risques de manquer ces derniers avantages pour vouloir poursuivre aussi les premiers, et à coup sûr tu perdras complétement ceux-là seuls qui pouvaient te donner la liberté et le bonheur.

5. Ainsi donc à toute apparence de malheur, aie soin de dire : « Tu n'es qu'apparence, tu n'es point du tout ce que tu apparais. » Ensuite, examine-la bien, et pour la juger sers-toi des règles dont tu disposes, de cette première règle surtout qui te prescrit de te demander : « Cette chose est-elle ou n'est-elle pas de celles qui dépendent de nous ? » Si elle est de celles qui ne dépendent pas de nous, dis-toi bien vite : « Cela ne me touche point. »

II.

1. Souviens-toi que la fin du désir est de posséder l'objet du désir, comme la fin de l'aversion est d'éviter l'objet de l'aversion ; et comme celui-là est malheureux qui est privé de ce qu'il souhaite, celui-là aussi est misérable qui tombe dans ce qu'il voulait éviter. Si donc tu ne veux détourner de toi que des choses qui dépendent de toi, tu éviteras toujours l'objet de ton aversion ; mais si tu veux détourner de toi la maladie, la mort, la pauvreté, tu seras misérable.

2. Laisse donc là ton aversion pour ce qui ne dépend pas de toi. Reporte-la sur des choses qui, dépendant de toi, sont contraires à la nature. Mais pour le moment renonce à toute espèce de désir : car si tu en éprouves pour des choses qui ne dépendent pas de toi, tu es forcément malheureux. Quant aux choses qu'il peut être beau de désirer

---

1. C'est-à-dire à la sagesse, qui nous détourne de tout ce qui est extérieur. Toutes les maximes du *Manuel* s'adressent à un jeune disciple qui n'est pas encore philosophe, mais qui travaille à le devenir.

parmi celles qui dépendent de nous, tu n'es encore prêt
pour aucune d'elles[1]. Contente-toi de rechercher ce que tu
dois rechercher, de fuir ce que tu dois fuir, mais toujours
avec modération, avec discrétion, avec retenue.

III.

Quelles que soient les choses qui te charment, qui ser-
vent à tes besoins ou que tu aimes, connais-en bien la
nature, à commencer par les plus humbles. Si tu aimes un
pot de terre, dis-toi : « J'aime un pot de terre; » car s'il se
casse, tu n'en seras pas troublé. Si tu embrasses ton fils ou
ta femme, dis-toi que c'est un être humain que tu em-
brasses[2] : car s'il meurt, tu n'en seras pas troublé.

IV.

Avant d'entreprendre quoi que ce soit, pense bien à ce
que tu vas faire. Si tu veux aller aux bains, représente-
toi d'avance tout ce qui s'y passe; représente-toi les gens
qui vous jettent de l'eau, ceux qui vous poussent, ceux qui
vous insultent, ceux qui vous volent. Ainsi tu seras plus
assuré dans ton action, si dès le principe tu t'es dit : « Je
veux me baigner, mais je veux maintenir ma volonté en
conformité avec la nature. » Et qu'il en soit ainsi pour tout
ce que tu feras. De cette manière, si quelque obstacle t'em-
pêche de te baigner, tu te diras aussitôt : « Ce n'est pas là
seulement ce que je voulais; je voulais aussi conserver ma
volonté en conformité avec la nature, et je ne la conserverais
point telle, si je m'indignais contre ce qui m'arrive[3]. »

1. Voy. la note précédente.
2. Le chrétien dit : Souviens-toi que c'est un être fait à
l'image de Dieu et immortel.
3. C'est, en effet, un grand danger que de vouloir une chose
quand même : une illusion, qui va toujours en augmentant,
nous la fait considérer comme le but de notre vie (gagner de
l'argent, conquérir une dignité, par exemple), alors qu'elle
ne devrait être qu'un moyen, un moyen comme un autre, et
qui souvent voudrait être échangé contre un autre.

V.

Ce qui trouble les hommes, ce ne sont pas les choses elles-mêmes, mais les opinions qu'ils se font d'elles. Ainsi la mort n'est pas un mal : elle n'a point paru telle à Socrate. Mais l'idée que nous nous faisons que la mort est un mal, voilà le mal véritable. Lors donc que nous sommes traversés, troublés ou affligés, n'accusons personne que nous-mêmes, ou pour mieux dire nos opinions. Accuser les autres de ses malheurs est le fait de l'ignorant; s'accuser soi-même, le fait de celui qui commence à s'instruire; n'accuser ni les autres ni soi-même est le propre du sage [1].

VI.

Ne t'enorgueillis jamais d'un avantage qui n'est pas tien. Si un cheval se vantait, disant : « Je suis beau, » on pourrait le supporter. Mais toi, lorsque tu dis pour te glorifier : « J'ai un beau cheval, » sache que la beauté dont tu te vantes est celle de ton cheval et non la tienne. Qu'est-ce donc qui est tien? L'usage de ton imagination [2]. Si donc tu uses de ton imagination conformément à la nature, tu peux te glorifier : ce dont tu te vanteras sera bien à toi.

VII.

Que dans une navigation le vaisseau qui te porte prenne terre, si tu descends puiser de l'eau, tu peux, en passant,

1. N'y a-t-il point là un reste de l'orgueil du vieux stoïcien et du fatalisme de l'école? Le sage d'Épictète ne s'accuse pas lui-même, sans doute parce que s'il n'a pas bien fait, c'est qu'il ne le pouvait pas; il en avait été arrêté autrement par Jupiter et la destinée, qui ont réglé par avance les vertus et les vices.

2. Le texte grec est χρῆσις τῶν φαντασιῶν. Cette expression revient très-souvent dans Épictète. Dans les *Entretiens*, M. Courdaveaux la traduit par *usage des idées;* mais il prévient qu'il prend ce mot au sens antique des idées-images. Il ajoute : « Bien des fois ce n'est là qu'une traduction timide, et le vrai sens de la formule serait, fort souvent, la façon dont on use des choses, le parti qu'on sait tirer des événements. » (Voir notre Introduction.)

ramasser quelque coquillage ou quelque plante; mais tu
dois toujours penser à ton vaisseau et détourner à chaque
instant la tête de son côté, cherchant si le patron ne t'ap-
pelle pas. Et s'il t'appelle, tu dois laisser là tout ce que
tu avais ramassé, de peur qu'on ne te lie et qu'on ne te
jette dans le vaisseau comme du bétail. Ainsi dans la vie,
si, en guise de plante ou de coquillage, une femme ou un
enfant te sont donnés, prends-les; mais si le maître du
navire t'appelle, cours vite à lui, laisse là tout et ne
regarde pas derrière toi[1]. Si tu es vieux, ne va pas trop
t'éloigner, de peur de manquer à l'appel.

VIII.

Ne demande jamais que les choses soient comme tu les
veux; tâche de les vouloir comme elles sont, et sans
peine tu couleras ta vie.

IX.

La maladie est un obstacle pour ton corps, non pour ta
pensée, si elle ne le veut. Boiter est un obstacle pour ton
pied, pour ta volonté ce n'en est pas un. Raisonne ainsi
pour chacun des accidents qui t'arrivent, et tu trouveras
qu'ils peuvent bien empêcher quelque chose hors de toi,
mais en toi-même absolument rien[2].

X.

Quel que soit le danger qui te menace, souviens-toi de te
replier sur toi-même et de te demander quelle est la force
dont tu disposes contre lui. Si tu as à te défendre contre

1. Toute cette comparaison serait aussi charmante que sage,
si l'assimilation d'une femme et des enfants à des jouets de
peu d'importance pouvait être acceptée. Au vrai, la femme et
les enfants sont des compagnons de voyage. Nous ne devons
pas arriver au port sans eux, du moins autant qu'il dépend
de nous.

2. Nous n'avons pas besoin de faire remarquer que ces
maximes, prises sans restriction, impliquent ce qu'on appelle
le fatalisme historique. Il était sans doute excusable au temps
d'Épictète, sous la tyrannie des Césars.

une séduction quelconque, tu trouveras la force dans l'empire que tu as sur toi-même; contre une fatigue à supporter, tu auras le courage; contre une injure, la patience. Prends cette habitude, et les fantômes de ton imagination ne pourront rien contre toi.

XI.

Ne dis jamais : « J'ai perdu cela; » dis plutôt : « Je l'ai rendu. Mon fils est mort, je l'ai rendu ; ma femme est morte, je l'ai rendue[1]. » Donc si ton bien t'est ravi, tu peux dire que lui aussi tu l'as rendu. « Mais celui qui me l'ôte est un méchant! » Que t'importe? puisque celui qui te l'avait donné te le redemande. Tant qu'il te le laisse, jouis-en comme d'un bien qui appartient à autrui, comme un voyageur use d'une hôtellerie.

XII.

1. Veux-tu faire des progrès? Laisse là tous ces raisonnements : « Si je néglige mes affaires, je n'aurai plus de quoi vivre; si je ne châtie pas mon esclave, il deviendra méchant. » Il vaut mieux mourir de faim, libre de crainte et de souci, que de vivre, l'âme troublée, dans l'abondance; et il vaut mieux que ton esclave soit méchant que toi malheureux[2].

2. Commence donc à t'exercer dans les petites choses. On te répand ton huile? on te vole ton vin? Dis-toi : « C'est à ce prix qu'on achète le calme parfait, à ce prix le repos de l'âme : on n'a rien pour rien. » Quand tu appelles ton esclave, pense qu'il peut ne pas t'entendre, ou même, s'il t'a entendu, ne pas faire ce que tu veux : tu y gagneras au moins de ne pas le mettre à même de porter à son gré le trouble dans ton âme.

1. Nous empruntons pour ces quelques lignes la traduction que Pascal en donne dans son *Entretien avec M. de Saci*.
2. Ce pessimisme stoïcien a été expliqué dans l'Introduction.

XIII.

Veux-tu faire des progrès? Résigne-toi à passer pour un insensé, pour un fou, à cause de ton mépris des biens extérieurs. Ne tiens pas à paraître un savant; et si, près de tel ou tel, tu passes pour un personnage, défie-toi de toi-même. Sache, en effet, qu'il est difficile de conserver à la fois une volonté conforme à la nature et l'amour des choses du dehors. Il est inévitable que celui qui s'attache à l'un néglige l'autre[1].

XIV.

1. Si tu désires que ta femme et tes enfants vivent tou-jours, tu es un fou; car tu désires que ce qui ne dépend pas de toi dépende de toi, que ce qui ne t'appartient pas t'appartienne. De même, si tu prétends que ton esclave ne fasse point de fautes, tu es un insensé; car tu veux que le vice ne soit plus vice, mais quelque autre chose. Veux-tu ne jamais être trompé dans tes désirs, tu le peux : ne recherche jamais que ce qui est possible[2].

2. Le maître d'un homme, c'est celui qui tient sous sa dépendance les choses que cet homme veut comme celles qu'il ne veut pas, et qui peut à son gré les empêcher ou les produire. Que celui donc qui désire être libre ne recherche rien, ne fuie rien de ce qui dépend des autres : sinon il sera fatalement esclave.

XV.

Souviens-toi que tu dois te comporter dans la vie comme dans un festin. Un plat qui circule s'approche de toi; étends la main et prends modérément. Il s'éloigne de toi: ne le retiens pas. Il tarde à venir : n'exprime pas de loin ton

1. L'Évangile dit : « Nul ne peut servir deux maîtres. »
2. *Ne recherche jamais que ce qui est possible,* maxime très-juste et très-salutaire, sous cette forme, beaucoup plutôt que sous cette autre trop usitée dans Épictète : « Il faut vouloir ce qui arrive en effet. »

désir; mais attends jusqu'à ce qu'il vienne à toi. Sois ainsi pour tes enfants, ainsi pour ta femme[1], ainsi pour le pouvoir, ainsi pour la richesse, et un jour tu seras digne du banquet des dieux. Que si, pouvant jouir de ces biens, tu les refuses et les dédaignes, alors ce ne sera pas seulement le banquet des dieux que tu partageras, ce sera leur souveraine puissance. C'est en agissant de la sorte que Diogène, Héraclite et leurs pareils ont mérité d'être appelés ce qu'ils étaient en effet, des hommes divins[2].

XVI.

Si tu vois un homme dans le chagrin, pleurant soit la mort de son fils, soit la perte de sa fortune, prends garde d'être la dupe de ton imagination et d'attribuer le malheur de cet homme à des événements extérieurs. Dis-toi bien vite : « Ce qui le trouble, ce n'est pas la chose en elle-même ; car un autre n'en serait pas troublé ; mais bien l'opinion

1. Remarquez ici combien il est vrai, malheureusement, que le stoïcisme assimile la femme et les enfants aux choses extérieures, aux biens du dehors. Le christianisme a singulièrement agrandi et complété la vie morale : l'homme ne vit pas seulement avec sa famille, il vit en elle et par elle, comme elle par lui.

2. Il s'agit, sans nul doute, du célèbre Diogène le Cynique, non de Diogène d'Apollonie, philosophe de la même école qu'Héraclite. — Héraclite d'Éphèse (environ 400 ans av. J. C.) appartenait à l'école d'Ionie et plus particulièrement à cette fraction de l'école d'Ionie qu'on a appelée école de Milet ou dynamiste, et qui expliquait l'univers entier par le développement d'un principe unique, ce en quoi elle devançait l'école stoïcienne. Héraclite, surtout, avait plus de droits qu'aucun autre à être cité par Épictète ; car, pour lui, le principe premier n'était ni l'eau, comme le jugeait Thalès, ni l'air, comme le voulait Anaximène, mais le feu, ce qui, par avance, se rapprochait encore plus de la physique des stoïciens. Ajoutons qu'il croyait aussi très-fermement à la constance des lois générales. Enfin, il avait refusé, dit-on, de donner des lois à son pays : il se renfermait dans ses méditations solitaires, ce qui l'avait fait représenter comme un misanthrope. L'antiquité opposait toujours la tristesse d'Héraclite à la gaieté proverbiale de Démocrite.

qu'il a sur elle. » Ne crains pas cependant d'accommoder
les discours à sa douleur et même, s'il le faut, de gémir
avec lui; mais ne gémis qu'en paroles, et que ton âme ne
partage point sa douleur[1].

XVII.

Souviens-toi que tu es comme un acteur, jouant le per-
sonnage qu'il a plu au maître de te donner. S'il te l'a
donné court, joue-le court; s'il te l'a donné long, joue-le
long. S'il veut que tu joues le rôle d'un gueux, joue-le avec
naturel. Que ce soit un rôle de boiteux, de magistrat, ou
de simple particulier, fais de même: car c'est à toi de bien
tenir le rôle qui t'est confié, et c'est à un autre de te le
choisir.

XVIII.

Un corbeau a fait un croassement de mauvais augure:
que ton imagination ne te trouble pas. Fais en toi-même
un juste discernement des choses, et dis-toi: « Ceci ne
peut rien présager pour moi-même, mais seulement pour
ce misérable corps, ou pour mon bien, ou pour ma répu-
tation, ou pour mes enfants, ou pour ma femme. Quant à
moi, tout me présage du bonheur si je le veux, et quel que
soit celui de ces événements qui m'arrive, il dépend de
moi d'en tirer avantage[2]. »

1. Voyez ce que nous avons dit dans l'Introduction sur le
genre de sympathie et de pitié propre aux stoïciens. Com-
parez les passages où les divers évangélistes ont recueilli les
larmes de Jésus, les marques de compassion qu'il donne à la
ville de Jérusalem, à la fille de Jaïre, à la multitude, son
amour tout particulier pour son disciple saint Jean et aussi
son affection pour Lazare. Il n'a pas voulu, devant le tombeau
de ce dernier, donner l'exemple d'un détachement aussi com-
plet que celui du stoïcien : « Jésus, voyant que Marie pleurait
et que les Juifs qui étaient venus avec elle pleuraient aussi,
frémit en son esprit et se troubla lui-même. Et il leur dit :
Où l'avez-vous mis ? Ils lui répondirent : Seigneur, venez et
voyez. Alors Jésus pleura. Et les Juifs dirent entre eux : Voyez
comme il l'aimait. » (S. Jean, XI.)
2. Notez que les stoïciens croyaient aux présages, comme
aux augures et aux oracles; et cela, disaient-ils, au nom de la

XIX.

1. Veux-tu être invincible, ne t'engage jamais dans un combat où il ne dépende pas de toi de remporter la victoire.

2. Si tu vois un homme comblé d'honneurs ou de puissance, ou renommé enfin pour quelque avantage que ce soit, ne va pas, dupé par les apparences, le proclamer heureux : car si le bien véritable est dans les choses qui dépendent de nous, il n'y a d'occasion ni pour la jalousie, ni pour l'envie. Et toi-même, tu ne voudras être ni général ni sénateur, ni consul, mais libre; or il n'y a qu'un moyen de le devenir, c'est de mépriser tout ce qui ne dépend pas de nous.

XX.

Souviens-toi que ce ne sont ni les mauvaises paroles qu'on t'adresse ni les coups que tu reçois qui font que tu es outragé, mais bien l'idée où tu es qu'on t'outrage. Lors donc que quelqu'un t'a mis en colère, sache que c'est ton opinion à toi qui est la cause de ta colère. Par conséquent défie-toi surtout des entraînements de ton imagination : car si une fois tu gagnes assez de temps pour leur opposer un délai, tu deviendras plus facilement maître de toi-même[1].

XXI.

Que la mort, l'exil et tout ce qui paraît terrible aux hommes soient chaque jour sous tes yeux, mais avant tout la mort; par ce moyen tu n'auras aucune basse pensée et tu ne désireras rien avec trop d'ardeur.

liaison universelle des choses et de la nécessité enchaînant chaque événement, chaque phénomène du Tout à tous les autres.

1. Observation psychologique très-fine et très-utile à retenir.

XXII.

Tu es épris de la philosophie? Prépare-toi donc à essuyer les sifflets et les railleries de la multitude[1], qui dira:« Celui-ci nous est revenu bien vite philosophe;» ou encore :« D'où lui vient ce hautain sourcil? » Toi, cependant, ne montre aucun orgueil : mais tiens-toi fermement à tout ce qui te paraît le meilleur : restes-y attaché comme à un poste désigné par Dieu lui-même. Souviens-toi que si tu persévères, ceux qui ont commencé par te railler t'admireront bientôt; tandis que si tu faiblis, tu seras exposé doublement à leurs quolibets.

XXIII.

S'il t'arrive jamais de te tourner vers les choses du dehors et de vouloir plaire à qui que ce soit, sache-le, l'entreprise que tu tentais est manquée. En toute chose contente-toi donc d'être philosophe; si tu veux encore le paraître, parais-le donc à tes propres yeux, et que cela te suffise.

XXIV.

1. Ne te trouble pas l'esprit de tous ces raisonnements : « Je vivrai sans honneur; on ne fera nul cas de moi. » Car si le déshonneur est un mal, il n'est pas plus en la puissance d'un autre de te faire malheureux que de te faire vicieux. Est-ce qu'il dépend de toi d'exercer le pouvoir ou d'être admis dans un festin? Nullement. Comment pourrait-il donc y avoir là matière à déshonneur? Et comment ne serais-tu rien dans le monde, toi qui ne dois être quelque chose que dans ce qui dépend de toi, que dans ce en quoi tu peux être autant que tu le désires?

2. « Mais tes amis, dis-tu, resteront sans aide de ta part. » Qu'appelles-tu sans aide? Tu ne leur donneras aucun argent? Tu ne les feras pas devenir citoyens romains?

1. Ainsi, pour Épictète, la philosophie est comme une profession, presque un sacerdoce. La foule ne peut même entrer en partage de la sagesse.

Mais qui donc t'a dit que ces biens dépendissent de nous et ne nous fussent pas étrangers? Or qui peut donner aux autres ce qu'il n'a pas soi-même? Ils te disent : « Amasse du bien pour que nous aussi nous en ayons. »[Réponds-leur:]

3. « Si je puis en acquérir tout en conservant l'honneur, la bonne foi, la magnanimité, qu'on m'indique la route à suivre, j'y arriverai. Mais si vous voulez que je perde de vrais biens pour vous en faire acquérir de faux, voyez à quel point vous êtes iniques et déraisonnables. Que préférez-vous : de l'argent ou un ami fidèle et honnête? Aidez-moi donc plutôt à rester cet ami-là et ne me demandez pas ce qui me ferait cesser de l'être. »

4. « Mais, diras-tu encore, je priverai, autant qu'il est en moi, ma patrie de mes services! » Encore une fois, de quels services? Sans doute, elle n'aura de toi ni portiques ni bains. Eh bien! ce ne sont assurément pas les forgerons qui lui donnent des souliers, ni les cordonniers des armes. Il suffit que chacun fasse bien son métier. Et si tu lui fournissais quelque autre citoyen sûr et honorable, ne lui aurais-tu donc rendu aucun service? Tant s'en faut! Donc, toi aussi, tu peux lui rendre des services.

5. « Mais, dis-tu, quelle place aurai-je dans la cité? » Celle que tu pourras obtenir sans rien perdre de ta bonne foi, de ton honnêteté. Si, pour vouloir servir la patrie, tu perdais ta vertu, de quoi lui servirais-tu donc une fois devenu impudent et perfide?

XXV.

1. Un tel a été mieux placé que toi dans un festin, ou salué avant toi, ou appelé de préférence à toi dans un conseil. Si ce sont là des biens, félicite celui auquel ils arrivent. Si ce sont des maux, ne te plains pas qu'ils soient tombés sur un autre. Mais souviens-toi que si, pour obtenir ces distinctions qui ne dépendent pas de toi, tu ne fais pas ce que les autres font, tu ne peux y avoir le même droit qu'eux.

2. Comment reconnaître le même droit à celui qui ne fréquente pas la porte d'un homme et à celui qui la fréquente? à celui qui ne l'a jamais escorté et à celui qui l'escorte? à celui qui ne l'a jamais loué, et à celui qui le loue constamment? Tu serais un injuste et un insatiable,

si, ne donnant pas le prix auquel ces faveurs se vendent,
tu prétendais les recevoir gratis.

3. Combien se vendent les laitues? Une obole, je sup-
pose. Eh bien! quelqu'un donne son obole, il emporte les
laitues. Toi qui, n'ayant rien donné, n'as rien reçu, crois-
tu donc avoir moins que celui qui vient d'acheter? Mais si
lui a ses laitues, toi tu as encore ton obole, puisque tu ne
l'as pas donnée.

4. Or, tout à l'heure, le cas était le même. Un tel ne t'a
pas invité à son festin : aussi n'as-tu pas donné le prix
auquel cet homme vend son festin; car il le vend contre
des louanges, contre des complaisances et des services. Si
tu trouves le marché avantageux, paye donc le prix qu'on
te demande; mais si tu veux recevoir une chose et ne
point en donner une autre en échange, tu es un insatiable
et un homme déraisonnable.

5. D'ailleurs, crois-tu donc ne rien avoir en place de ce
festin? Tu as le bonheur de ne pas louer celui que tu ne
jugeais pas digne de tes éloges, et de ne pas avoir à sup-
porter les insolences de ses portiers [1].

XXVI.

C'est dans les choses où nous sommes tous d'accord que
la nature nous parle le plus clairement et se fait le mieux
connaître à nous. Ainsi, que l'esclave de ton voisin lui ait
brisé un vase, tu dis aussitôt que c'est là un accident
très-commun. Si donc ce même accident arrive dans ta
maison, tu dois être exactement ce que tu étais quand il
arriva dans la maison de ton voisin. Applique la même
maxime à des événements de plus d'importance. Qu'un
autre homme perde sa femme ou son fils. Il n'est personne
qui ne lui dise : « C'est là le sort commun de l'humanité. » Et
lorsqu'on perd un des siens, on s'écrie aussitôt : « Hélas!
que je suis malheureux! » Il fallait se souvenir de ce qu'on
ressentait lorsqu'il s'agissait du malheur d'autrui [2].

1. C'est dans de pareils sujets, quand il s'agit des rapports
de l'homme avec l'homme et de la dignité que le faible doit
conserver en face de plus forts que lui, que le stoïcisme appa-
raît dans tout ce qu'il a de grand. Rien, d'ailleurs, ne surpasse
la verve et l'ironie profonde et sensée de ces dernières maximes.
2. Le passage est un peu obscur. Voici la suite des idées

XXVII.

De même qu'on ne pose pas un but pour ne pas l'atteindre, de même le mal n'existe pas dans le monde[1].

XXVIII.

Si quelqu'un livrait ton corps au premier venu, tu en serais indigné! Et toi-même pourtant tu livres ton âme : car tu permets au premier qui t'injurie de la jeter dans le trouble et la confusion. Et tu n'en rougis pas!

XXIX.

1. En toute chose, ne te mets à l'œuvre qu'après avoir bien considéré ce qui doit précéder et ce qui doit suivre l'action que tu projettes ; autrement tu commenceras sans doute gaiement ton entreprise, n'en prévoyant pas les suites ; mais bientôt tout ce qu'elle peut avoir de fâcheux t'apparaîtra, et tu rebrousseras chemin honteusement.

2. Tu veux vaincre aux jeux olympiques? Et moi aussi,

sous-entendues : Quand les hommes sont tous d'accord, c'est qu'ils sont d'accord avec la nature et, par conséquent, dans le vrai. Ce sont les opinions particulières à tel ou tel, et contraires à celles du reste des hommes, qui ont le plus de chance d'être fausses. Or, tous les hommes s'accordent pour dire qu'un malheur quelconque est supportable. Celui-là seul a une opinion différente qui est personnellement, particulièrement intéressé dans le malheur. Et quand ce même malheur tombe sur un autre, ce même homme trouve tolérable l'infortune dont tout à l'heure il se trouvait accablé. Donc, celui qui juge son malheur insupportable émet une opinion qui lui est alors toute particulière, qu'il ne professe qu'en ce moment. Il est en désaccord avec les autres hommes et avec lui-même. Donc, il est dans le faux.

1. Cette maxime ne prouve-t-elle pas, à elle seule, le panthéisme d'Épictète? Elle implique, en effet, que celui qui a posé le but, c'est-à-dire Dieu, est aussi celui qui le vise et qui l'atteint ; que l'homme ne peut dévier dans sa marche vers un but qu'il ne poursuit pas librement, mais qu'il est plus ou moins vite entraîné vers ce but par la force divine, qui meut tout ou, plus exactement, dans le sens stoïcien, qui est tout.

par les dieux, car c'est un noble.triomphe ! Mais considere
d'abord ce qui précède et ce qui suit pareille entreprise. Il
te faut te soumettre à une discipline et à une règle, même
en ce qui concerne tes repas, t'abstenir de toute friandise,
faire des exercices, bon gré mal gré, aux heures fixées, par
la chaleur comme par le froid ; ne pas boire frais, ne pas
boire de vin chaque fois qu'il te plaît ; en un mot, te livrer
sans réserve au maître de gymnase comme au médecin. Ce
n'est pas tout : attends-toi dans la lutte à être enseveli
sous le sable de l'arène, à te démettre peut-être la main, à
te tourner le pied, à avaler des flots de poussière, peut-être
encore à être rompu de coups, et finalement, après avoir
tout souffert, à être vaincu.

3. Tu as bien tout examiné? Alors, si cela te convient,
travaille à devenir athlète. Mais si tu agis sans réflexion,
tu changeras comme les enfants qui jouent tour à tour aux
lutteurs, aux gladiateurs, aux joueurs de flûte, et ensuite
font les tragédiens. Ainsi, toi, tu es athlète aujourd'hui,
gladiateur demain, puis orateur et enfin philosophe ; ou
plutôt, en réalité, tu n'es rien. Comme un singe, tu imites
successivement tout ce qui se fait sous tes yeux, un objet
te plaisant après l'autre ; car tu n'as jamais rien entrepris
avec réflexion ni après complet examen : tu as toujours agi
au hasard, entraîné par de vains désirs.

4. Ainsi, pour avoir vu un philosophe ou pour avoir
entendu quelqu'un parler comme Euphrate[1] (si toutefois
il en est qui puissent parler comme celui-là), il y a des
gens qui forment immédiatement le projet de devenir eux-
mêmes philosophes.

5. O homme ! considère d'abord en elles-mêmes les
choses que tu médites ; puis étudie ta propre nature et
demande-toi ce dont tu es capable. Tu veux être pen-
tathle[2] ou lutteur? Examine tes bras et tes cuisses, assure-

1. Philosophe stoïcien dont Épictète avait probablement
écouté les leçons. Euphrate était l'ami de Pline le jeune, qui
fait de lui (Lettres, I, 10) un magnifique éloge. Il vécut aussi
dans l'intimité de l'empereur Adrien. Parvenu à un âge très-
avancé et atteint d'une maladie incurable, il obtint du prince
la permission de quitter la vie en s'empoisonnant.

2. On appelait *pentathle* celui qui se formait aux cinq exer-
cices : le saut, la course, le palet, le javelot et la lutte.

toi de la force de tes reins; car la nature nous a donné aux uns une aptitude, aux autres une autre.

6. Crois-tu que tu puisses pratiquer toutes ces maximes, et cependant continuer à manger et à boire comme par le passé, t'abandonner aux mêmes désirs et avoir toujours autant d'humeur? Il te faut veiller, travailler, t'éloigner des tiens, souffrir les mépris d'un esclave et les railleries du premier venu, céder toujours la place aux autres dans les honneurs, dans le pouvoir, dans la justice, en toute chose enfin.

7. Penses-y bien. Vois si tu veux acheter à ce prix le calme, la liberté, le repos de l'âme. Autrement, renonce à ton projet. Ne t'en va pas faire comme les enfants, philosophe aujourd'hui, demain fermier des impôts, puis orateur, et ensuite intendant de César. Tout cela ne s'accorde pas. Il faut que tu ne sois qu'un seul homme, ou bon ou mauvais; que tu t'appliques ou au gouvernement de toi-même ou aux choses du dehors; que tu recherches les biens intérieurs ou les biens extérieurs; en un mot, que tu sois ou un philosophe ou un homme du commun.

<h2 style="text-align:center">XXX.</h2>

Les devoirs se mesurent surtout à la nature des personnes et à leurs situations respectives. Or, cet homme, c'est ton père. Il t'est commandé d'avoir soin de lui, de lui céder en tout, de supporter ses réprimandes et ses mauvais traitements. « Mais c'est un mauvais père! » Est-ce donc que la nature n'a voulu t'unir qu'à un bon père? elle a voulu t'unir à un père. Ton frère t'a fait une injustice : observe le rapport qui doit exister entre lui et toi. Ne te demande pas ce qu'il a fait, mais ce que tu as à faire pour que ta volonté soit conforme à la nature. Nul ne peut te léser si tu ne le veux; car tu ne seras jamais lésé que lorsque tu croiras l'être. Tu trouveras de même quels sont tes devoirs envers ton voisin, envers ton concitoyen, envers ton général, si tu t'habitues à considérer ce que ces hommes sont par rapport à toi.

<h2 style="text-align:center">XXXI.</h2>

1. Sache que la piété envers les dieux consiste avant tout à

concevoir d'eux de justes opinions, par exemple, à croire qu'ils existent et qu'ils gouvernent toutes choses avec un ordre et une justice admirables, à être persuadé que tu dois leur obéir et te plier sans murmure à tout ce qui arrive, parce que tout est réglé par une pensée souverainement sage[1]. De cette manière, tu ne te plaindras jamais des dieux ; tu ne les accuseras pas de n'avoir pas souci de toi.

2. Mais tu ne peux en venir là que si, regardant comme indifférentes les choses qui ne dépendent pas de toi, tu juges ou bonnes ou mauvaises celles-là seulement qui dépendent de toi. Car si tu prends quelqu'une des premières pour un bien ou pour un mal, il est de toute nécessité que, frustré de ce que tu désires et frappé de ce que tu craignais, tu n'accuses et ne haïsses les auteurs de tout ce qui arrive.

3. En effet, tout animal a reçu de la nature une disposition, d'abord à fuir et à éviter toutes les choses qui lui paraissent nuisibles, et tout ce qui peut amener ces choses mêmes, puis à rechercher et à aimer tout ce qui lui est agréable et tout ce qui peut lui procurer du plaisir. Il est donc impossible que celui qui se croit lésé aime celui qui lui paraît être l'auteur de son dommage, pas plus qu'il n'aime son dommage lui-même.

4. C'est là ce qui fait qu'un enfant s'emporte même contre son père, quand il n'obtient pas de lui quelqu'une des choses qui passent pour des biens. De là venait l'inimitié d'Étéocle et de Polynice : car ne vint-elle pas de ce qu'ils regardaient tous les deux la tyrannie comme un bien ? De là les rumeurs, les plaintes que nous entendons élever contre les dieux par le laboureur, par le matelot, par le marchand, par tous ceux qui ont perdu leurs enfants ou leur femme ; car là où est l'intérêt, là est la piété[2]. Celui

---

1. Comparez le célèbre passage de Lucrèce :

> *Nec pietas ulla est velatum sæpe videri*
> *Vertier ad lapidem...*
> *Sed mage pacata posse omnia mente tueri...*

2. Épictète veut dire qu'en fait les hommes subordonnent leur piété à leurs intérêts. Ne peut-on comparer ce passage au verset de l'Évangile (S. Matthieu, VI, 21) : « Là où est votre trésor, là est aussi votre cœur. »

donc qui s'applique à régler convenablement ses désirs et ses aversions travaille par cela même à perfectionner sa piété.

5. Pour les libations, les sacrifices, les prémices aux dieux, il faut les offrir suivant les coutumes de son pays, avec un cœur pur, sans retard et sans négligence, sans avarice et sans dépasser ses moyens.

XXXII.

1. Quand tu vas au devin [1], tu ignores encore ce qui doit t'arriver ; car tu vas précisément pour que le devin te l'apprenne. Mais tu l'aurais su avant d'y aller si tu étais philosophe. Car si c'est quelqu'une de ces choses qui ne dépendent pas de nous, il est certain que ce ne peut être pour toi ni un bien ni un mal.

2. N'apporte donc chez le devin aucun désir, aucune aversion, aucune frayeur. Approche en homme convaincu que tout ce qui doit arriver lui est indifférent, ne le regarde pas, et dis-toi : « Quelle que soit la chose qui m'arrive, je puis la tourner à bien, et nul ne saurait m'en empêcher. » Va donc avec confiance demander les conseils des dieux [2]. Quand ils auront prononcé, rappelle-toi quels conseillers tu as pris et quels sont ceux dont tu mépriserais la sagesse, s'il t'arrivait de ne pas leur obéir.

3. Mais si tu consultes l'oracle, que ce soit selon le précepte de Socrate, c'est-à-dire uniquement sur les choses dont l'issue dépend du hasard et sur lesquelles ni le raisonnement ni aucun art ne peut nous édifier. Ainsi donc, quand il s'agit de partager le péril d'un ami ou celui de la patrie, ne va pas demander au devin si tu dois affronter le péril : car si le devin t'avertit que les présages sont mauvais, il est évident qu'il t'annonce par là ou la mort ou la perte d'un membre ou l'exil. Et cependant, la raison prononce que, nonobstant tout présage, tu dois secourir tes amis et partager le péril de la patrie [3]. En un mot, crois en un devin plus grand que celui qui te parle, Apollon Pythien :

1. Voyez page 9, note 2.
2. Sans plus s'expliquer, Épictète croit donc que les devins sont inspirés par les dieux mêmes.
3. Homère faisait déjà dire à Hector : « Le vrai présage est celui qui ordonne de combattre pour sa patrie. »

il chassa de son temple celui qui, voyant égorger son ami,
ne lui avait pas porté secours.

XXXIII.

1. Forme-toi dès à présent un modèle et comme un type
auquel tu te conformeras, soit que tu restes seul avec toi-
même, soit que tu te rencontres avec les hommes.

2. Et d'abord garde le silence le plus possible, ne dis
que les choses nécessaires et en peu de mots. De temps à
autre, sans doute, une occasion peut t'amener à parler da-
vantage; parle donc alors, mais que ce ne soit pas sur le
premier objet venu ; que ce ne soit ni sur les combats de
gladiateurs, ni sur les jeux du cirque, ni sur les athlètes,
ni sur le boire ou le manger; que surtout ce ne soit pas
pour s'occuper d'autrui, pour louer celui-ci, blâmer celui-
là et comparer l'un avec l'autre.

3. Si tu le peux, tâche par tes propres discours d'ame-
ner la conversation sur des objets convenables; mais si
tes paroles doivent être perdues dans celles des autres,
tais-toi.

4. Ne ris ni longtemps, ni souvent, ni haut.

5. Ne jure jamais, s'il se peut; et si tu es obligé de le
faire, que ce soit le moins souvent possible.

6. Évite d'aller loin de chez toi partager les festins du
vulgaire. Si cependant une occasion t'y pousse, surveille-
toi bien toi-même, de peur de te laisser aller à des ma-
nières communes. Sache, en effet, que si ton voisin se salit
dans la débauche, tu ne pourras éviter de te salir toi-
même dans ton commerce avec lui, si pure que ta con-
duite ait pu être jusqu'alors.

7. Pour tout ce qui regarde le corps, qu'il s'agisse du
boire ou du manger, de l'habitation, de l'habillement, des
domestiques, fais le strict nécessaire; retranche complé-
tement tout ce qui ne sert qu'à l'ostentation ou à la sen-
sualité.

8. Épargne tes offenses et tes reproches à ceux qui ne
s'abstiennent pas des plaisirs coupables, et ne va pas te
vanter à tout le monde de ta vertu.

9. Si l'on t'annonce que quelqu'un a dit du mal de toi,

n'entreprends pas de te défendre ; mais réponds: « S'il avait connu tous mes autres défauts, il en aurait dit bien davantage. »

10. Il n'est point nécessaire de paraître souvent dans les théâtres; mais si quelque occasion t'y amène, montre que tu n'as attention à rien qu'à toi-même. Autrement dit, ne souhaite de voir arriver que ce qui arrive, de ne voir vainqueurs que ceux qui sont vainqueurs en effet[1]. Et ainsi rien ne te troublera. Surtout, abstiens-toi complétement des acclamations, des éclats de rire et de toute espèce de transport. Après avoir quitté le théâtre, ne te répands pas en discours sur ce que tu as vu, racontant des choses qui n'ont servi de rien pour te rendre meilleur. Ne fais pas voir aux autres que tu as de l'admiration pour un spectacle.

11. Ne soit ni prompt ni facile à te rendre aux lectures publiques. Si tu y vas, sois-y grave et calme et ne fais point mauvais visage.

12. Si tu as affaire à traiter avec quelqu'un, avec un homme éminent surtout, rappelle-toi ce qu'aurait fait à ta place Socrate ou Zénon; et tu ne seras point embarrassé pour faire ce qu'exigeront les circonstances.

13. Quand tu vas chez un homme puissant, mets-toi dans l'esprit que peut-être tu ne le rencontreras pas, ou que tu trouveras sa porte close, ou qu'on refermera la porte sur toi, ou qu'il ne te recevra qu'avec mépris. Si cependant ton devoir t'oblige d'y aller, vas-y et supporte ce qui t'arrivera et ne dis pas en toi-même: « Ce n'était guère la peine d'en affronter autant. » Ce propos est d'un homme vulgaire, d'un homme trop sensible aux choses extérieures.

14. Dans tes conversations, ne parle pas complaisamment et à tout propos des actions que tu as faites et des dangers

---

1. Le théâtre n'est-il pas donné comme une image de la vie? Il le semble bien. Alors, dans la société, dans l'État, dans l'histoire, devons-nous penser de même et vouloir de même, c'est-à-dire condamner tous les vaincus, absoudre et justifier tous les vainqueurs...? Il semble encore assez clairement que ce soit là la pensée du stoïcisme. Il faut cependant ajouter que le stoïcien a plus d'indifférence que de sympathie pour ceux que la fortune a servis.

que tu as courus : car si tu prends plaisir à les raconter, ne crois pas qu'il soit également agréable aux autres de les entendre.

15. Garde-toi bien aussi de chercher à faire rire. C'est une pente glissante par où l'on tombe aisément dans une vulgarité qui nous enlève le respect d'autrui.

16. Il est encore perilleux de se laisser aller aux propos obscènes. Si tu tombes sur un parleur de cette espèce et que l'occasion soit favorable, reprends-le vivement. Sinon, que du moins ton silence, la rougeur de ton front et la sévérité de ton visage lui montrent bien avec quelle peine tu souffres ses discours.

XXXIV.

Si quelque idée voluptueuse s'empare de ton imagination, observe-toi comme en toute chose, et ne te laisse pas entraîner. Fais attendre ton désir, prends quelque délai, compare ensuite dans ta pensée les instants : l'instant où tu goûteras la jouissance et l'instant où la jouissance épuisée fera place aux regrets et aux remords. A ces derniers oppose les joies et les satisfactions intérieures qui récompenseront ta résistance. Si les circonstances sont telles que tu croies devoir te décider, prends garde de te laisser vaincre par les douceurs et les attraits du plaisir ; oppose-leur la joie bien autrement grande de pouvoir se rendre à soi-même le témoignage qu'on a remporté la plus difficile des victoires.

XXXV.

Quand, ayant reconnu que tu devais faire une chose, tu la fais, ne cherche pas à te cacher, alors même que la foule devrait mal juger ton action. En effet, si cette action est mauvaise, ne la fais pas ; si elle est bonne, pourquoi crains-tu ceux qui se mettront dans leur tort en la blâmant [1] ?

1. Cette maxime a été poussée à ses dernières conséquences par les philosophes cyniques.

XXXVI.

De même que ces propositions : « Il est jour, il est nuit, » ont une valeur démonstrative dans les syllogismes disjonctifs[1], mais n'en ont plus aucune dans les syllogismes conjonctifs[2]; ainsi, dans un festin, celui qui s'attribue la meilleure part agit certainement dans l'intérêt de son corps, mais il agit certainement mal au point de vue de l'égalité et de la retenue qui doivent régner dans un festin[3]. Lors donc que tu es dans un festin, souviens-toi que tu dois songer non-seulement à l'envie que ton corps éprouve pour les mets placés devant toi, mais encore aux égards auxquels tu es tenu envers ton hôte.

XXXVII.

Si tu prends un rôle au-dessus de tes forces, tu le joues mal, et tu laisses de côté celui que tu pouvais bien remplir.

XXXVIII.

En te promenant, tu évites de marcher sur un clou et

1. Dans ceux où deux propositions étant posées, l'affirmation de la première entraîne la négation de la seconde, et réciproquement la négation de la première entraîne l'affirmation de la seconde ; par exemple : ou il est jour, ou il est nuit. Si l'on pose qu'il est jour, on pose par cela même qu'il n'est pas nuit, et réciproquement.

2. Dans ceux où l'affirmation de la première proposition entraîne l'affirmation de la seconde, la négation de la première la négation de la seconde. Par exemple, on pourra poser : S'il est jour, il n'est pas nuit. Établir la première proposition, c'est établir la seconde; nier la première, c'est nier la seconde. Mais on ne pourra pas poser comme liées, de telle sorte que l'une doive entraîner l'autre, ces deux propositions : Il fait jour, il fait nuit.

3. Car il ne peut à la fois et satisfaire son appétit sans se préoccuper des autres et se bien comporter à l'égard des autres, pas plus qu'il ne peut dire à la fois qu'il fait jour et qu'il fait nuit.

de prendre une entorse. Sois donc aussi bien attentif à ne
pas blesser ta raison, la directrice de toi-même. En tout
ce que tu feras, observe ce précepte, et tu réussiras plus
sûrement.

XXXIX.

C'est sur les besoins du corps que doivent se mesurer
les dépenses, comme sur le pied la chaussure. Tiens-t'en
là, et tu garderas la mesure vraie. Si tu vas au delà, tu
seras nécessairement entraîné comme sur la pente d'une
rive escarpée. Ainsi pour la chaussure : si tu ne t'en tiens
pas à ce qui est nécessaire à ton pied, tu prendras d'abord
le soulier doré, puis le soulier de pourpre, puis le soulier
brodé ; car pour celui qui a une fois dépassé la mesure, il
n'est plus de limites.

XL.

Il serait important de bien faire comprendre aux fem-
mes qu'elles ne peuvent être honorées qu'en laissant pa-
raître leur modestie et leur pudeur.

XLI.

C'est le signe d'une faiblesse d'esprit naturelle que de
s'occuper longtemps des choses du corps, telles que les
soins de propreté, les exercices, de manger beaucoup, de
boire beaucoup, enfin, de donner beaucoup de temps à
quelque misère corporelle que ce soit. Tout cela se doit
faire à la dérobée : c'est vers notre pensée que se doivent
tourner tous nos soins.

XLII.

Si un homme te fait du tort en paroles ou en action,
souviens-toi qu'il se juge en droit de parler ou d'agir
comme il le fait. Or, tu ne peux pas lui demander de suivre
ton idée plutôt que la sienne. Si son idée n'est pas juste,
il se porte donc tort à lui-même en se trompant. Ainsi,

quand quelqu'un trouve faux un syllogisme qui est bon, ce n'est pas le syllogisme qui en souffre, c'est celui qui l'a mal compris. Pars de ces principes, et tu supporteras aisément ceux qui parleront mal de toi. A chaque propos qu'on aura tenu sur ton compte, tu diras : « Cet homme croit avoir raison. »

XLIII.

Chaque chose a deux anses : l'une par laquelle elle est facile, l'autre par laquelle elle est difficile à porter. Ton frère t'a fait une injustice : ne considère pas l'injustice; ce serait prendre la chose par la mauvaise anse. Songe plutôt que c'est ton frère, que vous avez été élevés ensemble : prise par là, la chose te semblera supportable.

XLIV.

« Je suis plus riche que toi, donc je suis meilleur que toi; je suis plus éloquent que toi, donc je suis meilleur que toi; » ce ne sont pas là des raisonnements concluants. Pour raisonner juste, il faudrait dire : « Je suis plus riche que toi, donc mes richesses sont meilleures que les tiennes; » ou : « Je suis plus éloquent que toi, donc ma parole est meilleure que la tienne. » Mais toi, tu n'es point richesse et tu n'es point discours.

XLV.

Un tel prend son bain précipitamment. Ne dis pas qu'il le prend mal; dis qu'il le prend précipitamment. Un autre boit beaucoup. Ne dis pas qu'il boit trop : dis simplement qu'il boit beaucoup; car si tu ne connais pas le fond de leur pensée, comment peux-tu savoir qu'ils font mal[1]? Ne juge pas ainsi à la légère : tu ne risqueras pas de voir une chose et d'en croire une autre.

1. « Ce qui est bien, c'est ce que l'on fait en pensant bien; ce qui est mal, c'est ce que l'on fait en pensant mal. Tant que tu ne connais pas l'idée d'après laquelle quelqu'un fait une chose, ne blâme jamais son action. » (*Entretiens*, IV, 8.)

XLVI.

1. Ne va pas te proclamer partout philosophe, et ne parle pas à tout propos devant le vulgaire des principes de la philosophie ; mais conduis-toi selon ces principes. Ainsi, dans un festin, ne dis pas comment il faut manger, mais mange comme il convient. Rappelle-toi combien Socrate méprisait l'ostentation en toute chose, au point que si des jeunes gens le priaient de les recommander à quelques philosophes, il les conduisait lui-même, supportant de bonne grâce le peu de cas qu'on faisait de lui [1].

2. Si, au milieu de gens du commun, il est question de quelque principe de sagesse, garde le silence le plus possible ; car il y a danger que tu rejettes un mets mal digéré [2]. Si tu l'entends dire que tu ne sais rien et que tu ne te sentes pas mordre par ce reproche, connais par là que tu commences à réussir. Quand les brebis ont mangé, elles ne vont pas montrer à leur berger l'herbe qu'elles ont prise ; mais après avoir digéré leur pâture, elles produisent et elles montrent de la laine, du lait. Ainsi toi, n'étale pas de préceptes aux yeux des ignorants, mais montre-leur les effets que ces préceptes ont produits dans ta conduite.

XLVII.

Si tu sais te contenter de peu pour le soin de ton corps, n'en fais point parade ; si tu ne bois que de l'eau, ne t'en va pas dire en toute occasion que tu ne bois que de l'eau. Et si tu veux t'exercer à souffrir quoi que ce soit, fais-le pour toi, non pour les autres. Il est inutile d'aller em-

1. Allusion au dialogue de Platon, le *Protagoras*, où Socrate conduit lui-même quelques-uns de ses jeunes amis chez les sophistes.

2. C'est-à-dire que le principe n'ait pas été assez bien assimilé par toi et n'ait pas produit sur ton âme l'effet qu'un mets bien digéré produit sur ton corps. Prononcer des maximes dont on n'a pas su assez bien s'inspirer pour se rendre meilleur et croître dans la sagesse, c'est rejeter des aliments qu'on n'a pas eu la force de digérer.

brasser les statues[1]; mais si tu es tourmenté par une soif
brûlante, prends dans ta bouche un peu d'eau fraîche, et
rejette-la, et n'en dis rien à personne[2].

XLVIII.

1. État et caractère de l'ignorant : il n'attend jamais ni son
bien ni son mal de lui-même, mais des choses extérieures.
État et caractère du philosophe : il n'attend son bien ou
son mal que de lui-même.

2. Signes auxquels on reconnaît celui qui avance dans
la sagesse : il ne blâme personne, il ne loue personne, il
n'accuse personne, il ne parle pas de lui, il ne s'attribue
ni importance ni science. Est-il dans l'embarras, il ne s'en
prend qu'à lui-même. Si on le loue, il se moque à part lui
de son flatteur; si on le blâme, il ne se justifie pas. Mais,
comme les malades, il s'observe de tous côtés, craignant
d'ébranler en lui ce qui commence à se remettre et de re-
tarder sa guérison.

3. Il a enlevé de son cœur tout désir; il n'a d'aversion
que pour les choses contraires à la nature qui dépendent
de nous. Il fait tout avec calme; et s'il passe pour un
homme de peu d'esprit ou de peu de science, il n'en a point
souci. En un mot, il se considère comme son propre
ennemi, et craint de se tendre des piéges à lui-même.

XLIX.

Si quelqu'un se glorifie d'entendre et d'expliquer les livres
de Chrysippe[3], dis en toi-même : « Si Chrysippe n'avait

1. Sous-entendu par le froid. Allusion à quelque philosophe
qui, pour prouver son mépris de la douleur, s'en allait, par le
froid, embrasser les statues de marbre.

2. En somme, pourtant, Épictète veut qu'on prêche d'exem-
ple. Il est difficile de garder la mesure entre l'exemple et
l'ostentation. Aussi, les cyniques ne l'ont-ils pas observée.

3. Chrysippe, philosophe stoïcien qui, après avoir été à
l'école des académiciens et d'Arcésilas, les combattit vigou-
reusement et se fit le disciple de Zénon et de Cléanthe. Il
devint même, après la mort de ce dernier, le chef du stoïcisme
et passa, selon l'expression de Cicéron, pour la colonne du
portique. Nul ne contribua plus que lui à établir l'ensemble
des dogmes stoïciens; mais il nous est difficile de distinguer

pas écrit obscurément, cet homme n'aurait donc plus aucun
sujet de se vanter! mais pour moi, qu'est-ce que je veux?
Connaître la nature et la suivre. Je cherche donc quelqu'un
qui me l'interprète : on me dit que ce quelqu'un c'est
Chrysippe, je vais à lui. Mais je ne comprends pas ses écrits :
je cherche donc un commentateur. Jusqu'ici je ne vois
rien d'extraordinaire. Mais quand j'ai trouvé mon in-
terprète, il me reste à mettre à profit ce qu'il me révèle,
et c'est précisément là qu'est le grand point. Car si je me
borne à admirer l'explication des livres de Chrysippe, alors,
au lieu d'être philosophe, je suis grammairien, avec cette
unique différence que j'explique Chrysippe au lieu d'Ho-
mère. Si donc quelqu'un vient me dire : Explique-moi
Chrysippe, je serai bien plus honteux de ne pouvoir montrer
des actions conformes aux paroles que je ferai connaître[1]. »

L.

Demeure fidèle à ces préceptes et observe-les comme
des lois que tu ne peux violer sans impiété; et ne fais
point attention à ce que l'on dit sur ton compte : car cela ne
te regarde plus[2].

LI.

1. Différeras-tu donc longtemps encore d'entrer dans une
si noble carrière et d'obéir en toute chose à la voix, pour

ce qui lui appartient en propre et ce que ses prédécesseurs
avaient déjà enseigné avant lui. Nous savons cependant qu'il
fit une plus grande place à la morale et que, le premier, il
lui donna le pas sur la physique. Il était célèbre dans toute
l'antiquité pour les subtilités de sa dialectique. Cicéron rap-
porte et discute (dans le *de Divinatione* et le *de Fato*) les laborieux
arguments par lesquels il essaye de concilier le libre arbitre
avec la nécessité, le destin et la divination. (Voir aussi le
de Natura deorum, I, 15, et Aulu-Gelle, liv. VI.) Chrysippe
mourut à peu près 200 ans av. J. C.

1. Car, étant malade et ayant trouvé la vraie médecine et
l'ayant comprise, je n'aurai pas su en user et me guérir. (*Com-
mentaires de Simplicius.*)

2. Allusion à la maxime pythagoricienne : une fois que tu
es entré dans le temple, ne regarde plus en arrière. (*Commen-
taires de Simplicius.*)

toi désormais si claire, de la raison? Tu viens d'écouter les maximes auxquelles tu devais ton assentiment, et cet assentiment, tu l'as donné. Quel nouveau maître attends-tu donc? A quelles leçons ajournes-tu encore la réforme de ta vie? Tu n'es plus un adolescent; te voilà homme fait. Si tu persistes dans ta négligence et ton inaction, si tu ajoutes les délais aux délais, si tu remets de jour en jour le soin de te corriger, tu oublieras que tu es toujours dans le même état, tu vivras et tu mourras semblable au vulgaire.

2. Mets-toi donc enfin à vivre comme un homme et comme un homme qui marche vers la perfection, et que la pratique de tout ce qui te semblera le meilleur soit pour toi désormais une inviolable loi. Que quelque peine ou quelque plaisir, que de la gloire ou de l'infamie s'offrent à toi, rappelle-toi que l'heure de la lutte a sonné, que la barrière d'Olympie s'ouvre devant toi, qu'il n'est plus temps de reculer; un seul jour, une seule action va compromettre ou assurer tes progrès à venir.

3. C'est ainsi que Socrate est devenu un sage accompli, n'écoutant jamais en quoi que ce soit une autre voix que celle de la raison. Quant à toi, si tu n'es pas encore Socrate, sois du moins un homme qui veut devenir un Socrate.

LII.

1. La première et la plus importante partie de la philosophie est celle qui traite des maximes à pratiquer, comme celle-ci : « On ne doit pas mentir. » La seconde a pour objet les démonstrations, par exemple les raisons pour lesquelles on ne doit pas mentir. La troisième confirme et éclaircit tout ce qui précède; car elle montre comment il y avait là une démonstration, ce que c'est qu'une démonstration, qu'une conséquence, qu'une opposition, ce que c'est que le vrai et le faux.

2. Cette troisième partie est donc assurément nécessaire à la seconde, et la seconde à la première. Mais la plus nécessaire de toutes, celle qui doit être le but suprême de nos études, c'est la première. Or, c'est l'ordre inverse que nous suivons. Nous nous arrêtons longuement dans la troisième partie, c'est à elle que nous consacrons tous nos

soins, et nous négligeons complétement la première.
Qu'en résulte-t-il? Que nous mentons, mais que nous
sommes toujours prêts à prouver par raisons démons-
tratives que l'on ne doit pas mentir.

LIII.

1. En toute circonstance, aie présentes à l'esprit ces
paroles :

« Conduis-moi, ô Jupiter, et toi aussi, ô Destinée : partout
où il est arrêté dans vos décrets que je dois aller, je vous
suivrai sans hésiter ; car si je vous résistais, je ne pourrais
néanmoins, malgré ma coupable volonté, faire autrement
que de vous suivre[1]. »

2. « Celui qui a la vertu de céder à la nécessité, nous le
tenons pour un sage, il connaît les choses divines[2]. »

3. Et ceci encore :

« O Criton, si les dieux l'ont ainsi voulu, qu'il en soit
ainsi!....

« .... Anytus et Mélitus peuvent me faire mourir, mais
ils ne peuvent pas me nuire[3]. »

1. Maxime de Cléanthe. C'est la même pensée qu'a exprimée
ce vers de Sénèque, si connu :

Fata volentem ducunt, nolentem trahunt.

Cléanthe, né à Assos, ville éolienne de l'Asie, fut d'abord
athlète. Étant venu à Athènes, il fut disciple du philosophe
cynique Cratès, mais le quitta ensuite pour s'attacher à Zénon,
qui venait de fonder le stoïcisme. C'est ce même Cléanthe
qui, la nuit, puisait de l'eau chez un jardinier pour gagner
sa vie, et, le jour, étudiait. Il florissait vers l'an 260 av. J. C.,
et se laissa, dit-on, mourir de faim à l'âge de quatre-vingt-dix-
neuf ans. Diogène Laërce rapporte les titres de ses nombreux
ouvrages, dont aucun ne nous est parvenu.

2. Traduction d'un passage d'Euripide.

3. Paroles de Socrate avant le mourir.